斜槓財富

金錢是社交的槓桿

馬誠——著

追求財富，首先要更好的了解金錢。

在現代的社會，**會賺錢的頭腦才是最智慧的頭腦**，
因為最多人追求的東西，會產生最尖銳的智慧競賽。

序言

爲什麼有的人賺錢輕而易舉，有的人賺錢卻難上加難？爲什麼有的人賺錢十分瀟灑，花錢也非常大方，賺錢也是花錢，花錢也是賺錢呢？

美國著名學者羅伯特在《金錢的秘密》中會給你圓滿的答案。在書中他認爲：「只要有主意就能賺錢。這個觀念因爲更多人的致富成功而更加牢固。」

「如果你的胃口和億萬富翁的財產相當，那麼連百萬富翁都會是一個窮人。」

我們推薦《金錢的秘密》，是因爲以物質財富爲基礎的社會，本書不僅能使我們對金錢有全新的認識，還使我們擁有獲取財富的智慧！

暢銷書《致加西亞的信》的作者——美國著名成功學家阿爾伯特・哈伯德，在談到金錢這個問題時，說：

「金錢是力量的象徵。人們不會專門因爲錢而去賺錢，他們去賺錢是因爲金錢是他們能力的實際體現。賺錢維持生計是一條使用人類力量的自然的、安全的途徑。不能夠賺錢維持生計的人，對於社會來說是一種危險、一種威脅、一筆開支。」

金錢與我們的生活密切相關，任何人都不能不正視金錢問題的存在。但在面對金錢時，有的遮遮掩掩、畏手畏足；有的瘋狂攫取、身陷囹圄；有的小富即安、不思進取；有的守財成奴，有的盲目投資，有的窮奢極欲……

正如美國著名成功學家戴爾・卡耐基所說：

「人類70％的煩心都跟金錢有關，而人們在處理金錢時，卻往往意外地盲目。」

目錄

CONTENTS

CONTENTS

CONTENTS

第一部分

金錢的夢想

金錢是一場沒有等值交易的遊戲

PART 1

1. 財富的夢想有了實現的可能

人的生理和生存需要，並不是致富的動力或源泉，就如在動物生活中找不到任何相同或相似的財富追逐現象。致富的含義就是獲得超過自己需要的東西，這看起來漫無目標，但卻是人類最強大的驅力。也可以這樣說，世間一切事業歸根到底，都是人的價值的充分體現，創造財富又是人生價值的核心表現。

但在致富之前，我們必須瞭解金錢的實質與秘密。

縱觀歷史不難發現，人類爲金錢而互相傷害所造成的危害，遠遠超過其他的原因。

一般來說，金錢是體現價值的尺度、交換的媒介、財富的象徵，但是這種說法不但忽略了金錢令人陶醉、令人瘋狂、令人激動的一面，也將愛錢的心理拋開了。

約翰・吉恩斯就曾這樣描寫到：「愛錢是一種多多少少有些噁心的病態，一種半罪惡、半病理、最後我們戰戰兢兢地將自己交給神經專家研究的癖好。」

馬庫斯・雷內爵士也曾不止一次地表示：「金錢是人情離間力。」

世上金錢的種類有很多，但概括起來主要有以下幾種：血腥錢和血汗錢，良心錢和骯髒錢，輕鬆錢和苦力錢，該焚毀的錢和光榮的錢；

國王饋贈的重金，窮漢賣血的膏汁；

情場的費用，家庭的津貼——零用錢、消費錢、銀行存款；

歹徒罪惡的報酬，富翁慷慨的饋贈；

某些費用人人出得起，有些價碼卻昂貴得令人咋舌……

金錢的外表雖然相同，但卻隱藏了許多差異。血腥錢買不到合法收入所帶來的一切，國王的贈金和中獎的財富也截然不同。

事實上，金錢的交換率是騙人的鬼把戲。我們用金錢能買到東西的外表和形體，就自以爲能買到一切，其實，我們的收穫非常可憐。

以塞亞說：「金錢的最大特性，就是不能滿足人。」

富翁邁克・亞格也發出這樣的感慨：「我得不到金錢的滿足。」

儘管如此，追求、積聚這種不能滿足人類靈魂的東西，卻是人類文明中最強的驅動力，雖然熱衷於金錢遊戲的人往往拼命否認這一點。這種激情在某些人的心目中仍然很模糊，但仍是人類最後一項的秘密。

也許正因爲如此，儘管金錢這個題材枝節叢生，卻很少有人探討過。

經濟學和經濟問題受到了廣泛又積極的注意，研究經濟難題卻排除了對金錢的渴望——潛在的衝動、渴求、執迷等的研究，將二者完全隔列的做法，簡直令人難以置信。種種跡象顯示，對金錢的熱情，在美國和西方其他發達國家已接近崇拜，但愛錢並不是西方的獨有個性，世界各國都有一樣的作風。

古代中國人永遠不忘記膜拜「財神」；希伯來人崇拜金牛；希臘神話中不屈的跑將赫密斯也是利潤之神；埃及人在國王的陵墓裏放滿財寶，使死者在赴天堂的旅程中，不擔心錢財的匱乏；在某些原始部落中，富翁擁有百萬貝殼。

在神話故事裏，不管是歐洲故事或《一千零一夜》，「從此過上快樂的生活」都指的是富有生活。

由此可見，人們就算不可能眞的一夜暴富，但心中致富的欲望之火卻一刻也沒有熄滅過。在很多人的眼裏，財富是一個夢想、一個神話，即使是現在也是如此，但現在它卻有了實際的基礎和實現的可能了。

人類嶄新的賺錢可能性就在眼前，大家都有致富的機會。以前，這種機會沒有實現的可能性，致富的夢想需要屈從現實原則，但現在這是人人都可能發生的事情，儘管現實中只有少數人有此幸運。

2.金錢的夢想永遠不會停止

致富即使有實現的可能，不過致富的欲望還是被當做夢想來看待比較合適。如果研究這個夢的特徵，可以發現其中一個主調：人人都渴望安全感。有時候女性會爲安全感而結婚。聰明的年輕人則爲安全感而把儲蓄投放在養老金或長期公債中，以便將來沒有工作能力的時候，可以靠自己的投資安度晚年。

一位高級企業商人兼財政家說：「以前我窮困的時候，我的目標是爲自己和家人提供安全的生活資源，好叫家人不必擔心下一餐的來源。在夢想中，我認爲自己如果能賺取五萬英鎊的資金，我們就能生活，不必再爲錢而忙碌了。這個目標成爲我青年時期生活的最大動力。結果，我超越了自己的目標，竟然賺了五千萬英鎊。」

這便證明了對安全感的渴望有多麼強烈，達到安全感所需要的財富數，又是如何時刻變化的。

格林的一則童話中有這樣的情境：故事中的魔桌只要聽到「餐桌，擺滿」的命令，就會馬上亮出桌布、盤子、刀叉、一碟碟烤肉和紅酒。那時小夥子便自語道：「現在我終生夠用了。」從此他就不再擔心食物的好壞、物品的缺乏了。

《伊索寓言》中，有一篇《酸葡萄》的故事：

葡萄架上果實累累，看起來一定很甜。有一隻狐狸經過葡萄架，不禁垂涎三尺。它屢次躍起想擷取可口的葡萄，然而在多次失敗之後，便打消吃葡萄的念頭，只忿忿地說了一句：「哼！這葡萄八成是酸的。」

這種「酸葡萄」心理，正和窮人視富者爲惡霸的心理是一樣的。凡是發財欲望越強的窮人，必不甘於過平凡的生活，而視有錢人爲「酸葡萄」，對其嗤之以鼻。這是世俗之人的通常想法，他們之所以貶低有錢人，完全是對於自己的窮困感到不滿所致。

除了「酸葡萄」心理之外，還有一種大同小異的「甜檸檬」心理。本應是酸的檸檬，一旦到了自己手中，便認爲是香甜可口的檸檬，感到莫大的滿足。

對於這類人，理財專家建議，欲求致富之道，首先要拋掉「酸葡萄」和「甜檸檬」心理；其次要改正掩飾自己小氣的行爲，例如亂花錢、購買高級品等；最後要制定出符合自身的理財計畫。

一個稍有成就的人說「我可以退休了」，這實在是個令人不解的說法。其實，這種人一刻也不想退休，但是他們想到的是自己要退休便可以退休，那樣心裏會很高興。探求這種「退休者」的幻想，我們可以發現，其中含有輝煌的滿足感——不必聽人使喚、不必聽任何人指揮。

在整個動物世界中，人類依賴別人的時間和程度，遠遠超過其他動物。我們夢想經濟上的獨立，以便解除對其他人的各種依賴，這是很富人情味的幻想。安全感一旦在現實生活中建立，大家很可能便會尋找與享受金錢不同的樂趣。

下面是一個裁縫師的故事：

在童年時代，我要的只是同一條街上別人有而我沒有的東西。我不羨慕大轎車，因爲我那條街上根本沒有大轎車。我心目中所謂的「有錢」，就是擁有那條街上最好的房子。目的就是讓整條街的人瞧瞧，讓大家瞧瞧我比他們行。我的夢從來沒超過漂亮的住宅，我也沒有街外的相關資料。我不想做電影明星那一類的事情，因爲我不懂那個。電影明星純粹是幻想的人物。

記得有一年，我大約二十一歲的時候，有個人穿著漂亮的西裝走過這條街。我注意到他對那套西裝漫不經心的樣子，印象很深。我幹的就是裁縫這一行，完全知道這套西裝有多貴，但他竟然能漫不經心地穿用，使我羨慕極了。於是，他成了我夢想的人。我

不羨慕百萬富翁，因爲我那條街上根本沒有百萬富翁。

強烈的財富渴望感一定能壓倒別人。在現實生活中，也就是壓倒周圍的人。

起初，夢想的目標也許很小：希望能漫不經心地穿一套貴西裝，而不是戰戰兢兢地當大禮服來穿。隨著安全渴望的增長，夢想也逐漸擴大。做夢的人想像自己有一天衣錦還鄉，眞正地在人們面前神氣一番。

在度倫馬的劇本《拜望》中，一位非常富有的太太回到她的出生地，她饋贈鉅款給故鄉，卻要求懲罰一個上了年紀的男人。因爲此人年輕時和她相愛，後來卻將她拋棄了。

旅館經理拒絕給我們房間住，或者不讓我們住自己想要住的房間，我們心裏便幻想著報復的一刻——買下旅館，把他開除。

有位富翁眞的做過這種事：希臘船王尼阿哥斯曾經要住巴黎麗茲大飯店的主套房，但遭到經理拒絕，因爲那是永遠保留給芭芭拉．荷頓住的。尼阿哥斯就叫經紀人著手購買飯店的股份，將近50%時，他要求董事會開除經理。

當我們覺得孤獨無援時，就幻想用錢來彌補那種狀況來尋求一種安全感。在幻想中，金錢是萬能的。

在我們的社會，人們總是羨慕而嫉妒地談論某一位富翁，隨隨便便地花大錢滿足其小小欲望的傳聞，可見我們對這種夢想的深深著迷。

阿拉丁神燈的故事，出色地表現了人們對金錢力量最原始的喜愛，只要擦擦神燈，施詭計的宰相就會慘遭失敗，眨眼間宮殿就會矗立在眼前，主人就會贏得蘇丹公主的芳心，最後甚至繼位成爲蘇丹王。

在這個故事中，阿拉丁神燈與神秘的金錢力量相似。

金錢在某種意義上也能夠帶來愛的。作曲家利歐尼・巴特說：「《孤雛淚》之所以獲成功，是因爲我渴望愛，認爲用錢可以買到一切。我太需要人愛了。眾所周知，被我當做朋友的人，可以從我這兒得到一切，錢更不成問題。我覺得，送人貴重禮物是買到尊重最簡單的辦法……」

在一些年輕人的夢想中，早就把愛情和金錢看成同一回事了。依照傳統，年輕人要先出外奮鬥、發了財，再向心愛的少女求愛。據說，如果他們能帶錢回來，就能得到愛情。

事實上，女孩子常常選擇身邊猛烈追求自己的人，但是我們還是相信，自己一旦有錢，被愛的機會就會相應增多。

影星一夜成名，接著鈔票如雪片般飛來，這位幸運兒也更討人喜歡。影視圈中一切短暫的婚姻和戀愛史，並不能改變天眞姑娘的夢想，她認爲自己若有錢有名，大家對她的愛一定遠遠超過現在不冷不熱的狀況。

金錢可以作爲一種改造力。有些人認爲自己不好，但他們相信金錢能帶來改變。正如灰姑娘從灰燼中站起來，淨化了自己。我們若有足夠的金錢，也可以如此。

的確，金錢是一個奇妙的東西，誰有了它，誰就成爲他想要的一些物質的主人。

對金錢的欲望是很奇怪的，在幻想中，那位「富有的我」不但有錢，基本上也像換了個人，會更強壯、更勇敢、更迷人、更聰明、不再脆弱等。金錢似乎能賦予主人神奇的威力。新不列顛的土著認爲，得到大財富（貝殼）的目標，就是在死後大家會悲歎，並開盛宴來祭拜他。

IBM的創始人湯瑪斯．華森，在一九三三年曾直截了當地說：「我要你們瞭解，這個公司是要永遠存在的。」就算生命不能眞正永恆，但至少可以在此時此刻有個「美麗的生活」。《花花公子》雜誌曾一個月又一個月地細細列出這些夢想，因爲創始人海夫納在年輕時，就嚮往過著那種夢幻生活，以便使生命遠離自我疑惑和不安。

由《花花公子》雜誌的讀者人數來判斷，對那種生活懷著夢想的人，已經大大超過我們的想像。

有了金錢，我們似乎可以丟掉一切工作，避免煩重的苦差事，一心追求快樂。

小說家兼電視劇作家羅拉・慕勒說：「到法國南部精緻的飯店中度過兩周的假期，非常愉快。這就難免讓人以爲，這種生活如果能無限延長，一定會很快樂。事實卻不見得如此，但是大家都這樣認爲，所以就歎息道：『唉！如果能一直這樣過下去，該有多好啊！』」

最後，如果奢侈的生活在期待中也變了味，那麼還有一項最終令人滿足的夢境——成爲最偉大的人物。

有一位昔日當侍者的人，自己開飯店，生意不錯，進而就想要擁有當地最大的飯店連鎖企業，但是他根本說不清理由。

「其實，你若當了將軍，就想當最偉大的將軍，不是嗎？」他說。

拿破崙的野心，並不只限於軍事方面。做夢的人想像自己的收稅圈遍及全球——報社網、電臺、電視網、紙廠、保險公司、租車行、銀行、航空公司、油田、電影院、飯店、超級市場等等，他要擁有一切。

夢想太多、太大了，除非心靈能最終驚駭於自己的貪得無厭，否則追求金錢的欲望永遠也不會停止。

3. 金錢的破滅在於沉迷的幻想

人人都有金錢夢，只不過每個人夢想的最終結果各不相同。有些人的夢想會成爲現實，並會產生新的內容。有一些人的夢想卻永遠不可能實現，因爲他只沉迷於幻想，不知爲此而努力奮鬥，即喜好幻想甚於實際。

一位靠救濟金過日子的人說：「現在我最遺憾的，就是沒錢能讓我像昔日那樣賭馬。」

倒不是他想贏錢，而是那樣他就有做夢的機會，這正是金錢空想家的特性。

十九世紀法國小說家巴爾扎克，就是這種人的典型代表。正如他在小說中所描寫的，他非常瞭解金錢，而且瘋狂地愛上了它。他投身各種商業冒險，搞過土地投機、印刷廠、香水廣告、古典作品的再版等。他的作品顯示，他在金融方面具有極大的天賦。不過，他的企業卻一無所獲。

替巴爾扎克立傳的作家安德・毛洛斯曾經暗示：巴爾扎克一再失敗，主要是因爲他生命中一旦出現困難，他就立刻退入自己虛構的世界中，他在那個幻想的世界把握得非常好，成果完全掌握在他手中。這就是空想家的一貫作風。

這種人在任何文化中都可以找到。亞瑟・米勒的名劇《推銷員之死》就是這種人的結局。

第一次世界大戰後的不景氣年代裏，維也納和布達佩斯的咖啡館中，坐滿了失業的男人，整個下午啜一杯咖啡，空談著他們的發財夢想。大多數人就這樣醉生夢死地度過了一生。

賭博店、賽馬場、俱樂部、專利事務所和出版家的等候室裏，也擠滿了夢想家。別人都知道他們不可能發財，他們是在浪費時間，但是他們已深深地沉迷於幻想中，不聽勸告，也根本不在乎後果如何。

這些瘋狂的空想者心中的夢想，已達到不可限制的極端，金錢夢已違反了理智的判斷。因爲，做夢的人根本不會考慮他的夢想是否行得通，是否會受到局限。在助長幻覺的活動中，比如賭博吧，空想者往往陷人一陣漫長而且無法解除的刺激和迷亂之中。

佛洛依德看出在賭博俱樂部中、玩牌的熱情中，賭徒的狂熱勝過強烈的金錢刺激。他認爲大家著重在手部的強烈動作，就可以證明這一點。更抓人心的是骰子遊戲中，常常會有的手勢、面部表情和叫聲。

人們爲金錢而興奮，努力賺錢，用財富的畫面挑逗自己。所有半文學性的作品都在刺激他們的欲望，當然都無法滿足他們。

廣告、報紙、雜誌、電影、電視、商品、時裝照片、室內設計——那些鍍金的浴室設備，那些仿豹皮床罩！在潛意識裏，它們成爲金錢夢的飼料，刺激著人們最奢華的渴望。它們共同協作造成了金錢肖像的魅力，培養出一種瘋狂——喜歡看別人的富裕生活來過癮。

就如在尼斯的盛季裏，觀光客站在大飯店門外，觀賞著裏面的人坐在水晶吊燈下用餐；

有人跑到汽車展覽室，坐進明知自己買不起的轎車裏；

有人叫地產仲介商帶他四處參觀自己買不起的昂貴產業；

有些女人愛試穿自己買不起的衣服；

也有人填寫他不可能使用上的環球旅行券……

像這樣，人們驅使自己進入金錢刺激的狀態。他們談著自己的好運將至，發了財以後要做些什麼。所有這些都是沉迷於幻想的表現。

擁有金錢夢並沒有錯，不過此夢想應該局限在行得通的地方，否則最後只能是一個一無所獲的空想家。

迷戀於金錢幻想的人，終日都陷身於自己的幻想中，以致最終以悲劇結束。那麼，這種迷戀究竟是怎樣產生的呢？

心理分析學家鐘斯曾說，小孩子大多有「倒轉的狂想」。他們認爲自己在一天天長大，父母就會一天天變小。當然，由相對的觀點來看也不無道理。檢討這些狂想，其中有報復的夢想存在。

鐘斯引用了一位三歲女孩對她母親所說的話：

「等我變成大女孩，你變成小女孩，我就像你現在打我一樣打你。」

另一位三歲半左右的小男孩，曾經對他母親說：

「等我長大了，你就會變小，那麼我會把你抱來抱去，替你穿衣服，趕你去睡覺。」

兒童對自己幼小、無依、仰人鼻息的生存情況，似乎常用倒轉的方式來處理。

孩子經常依賴父母，最明顯的一例就是要父母買東西給他。因爲父母有錢，而他沒有，所以他只得說：「你們什麼時候給我買這個?請買那個給我吧！如果你們給我買那個，我會很乖的。爲什麼你們不給我買這些呢？」

當大人不給孩子買霜淇淋或者玩具車時，往往引來一陣尖叫或哭喊，這時候就明顯地看出依賴所包含的憤怒了。

因為買東西給孩子對他們很重要，成人就以送東西作為控制孩子的手段。父母根據買或不買，設計出賞罰孩子的制度：「如果你乖，如果你吃藥，如果你去睡，如果你不再尿床，如果你在學校拿到好成績……我就買這個給你。」

兒童自覺被大人花錢的能力所控制，他正缺乏那種能力。在兒童的倒轉夢中，他自然幻想他能夠依靠自己的金錢來控制父母。

小男孩告訴父親，他要買一輛跑車給他做生日禮物，不見得是孝順使然，很可能他要用跑車來控制爸爸，就像他自己被控制一樣。

因此，在「兒童是富翁、爸爸是乞丐」的倒轉夢中，金錢夢可以由它的起源推出一些習慣形成的本質。幼時的依賴是迷戀金錢夢的來源，但這並不意味著是惟一的來源。當然，倒轉夢也有用處，它可以提供行為的動因，不過那是成功的金錢夢。

如果不斷地沉迷於夢境，難免會造成依賴。這種人每當不幸、失敗、厭煩的時候，就會用金錢夢來提神。他們會隱身於幻想之中，用這種方法來消除低落的情緒。他們會癡迷於自己的幻境，並從中得到短暫的刺激，使精神愉快起來，然後歎一口氣又回到現實，而現實的種種情況卻變得更加難纏了，於是他們就一味地沉迷於金錢幻想中，不付諸於實際的行動。

4. 創造神奇金錢的「冤大頭理論」

有些人否認自己曾經有過致富的夢想，這些人也許是獵財專家、財政巫師、強盜頭子，或者是蘇黎士的土地神、騙徒、石油鉅子、殖民家、一夜成名的演藝圈明星，或是盜賊，他們會在一場交易中、一項新設計或新發明中尋求到財富。他們的性情各不相同，卻有一個共同的特質，那就是相信一罐罐的黃金、地底的寶藏、傳聞中的寶城、妙計、一大樁生意和意外之財等。

這種人渴望的絕不僅僅是富裕的生活，渴望的是橫財如泉湧。財富遠遠超過他的夢想，遠超過他所能應付的界限。他對財富的渴望，往往壓過理智和道德。

華特・拉里爵士曾公開宣佈：「偷取百萬從來不被看成罪惡。」但很具嘲諷意味的是，拉里爵士最後竟然爲這個原則而喪命。

在大工業尚未興起之前，除了國王和軍閥首領，任何人都不可能憑藉自己的努力改善物質環境。因爲不可能賺錢，錢是由國王或軍閥賜給的，或者由戰利品得來，或者從征服的領土中搶劫而來。

直到最近一百年，大家才感受到能夠無中生有，能夠創造財富，能夠用「巫術」喚

出一切，或者從不太有價值的東西中，變化出大量的財寶。

一八七五年以前，整個世界歷史上富翁的總數，還比不上現在美國一年新增富翁的人數。

克虜伯世家由十六世紀開始，經歷八代，才得到巨大的財富。

相比之下，洛克菲勒家族在十九世紀末二十世紀初，只花了四十年的光陰就獲得了巨額的財富。

二十世紀七〇年代的英國金融天才吉米．史雷特，只花了八年的時間，就把二千英鎊的私人積蓄，變成股票市場上價值二十二億英磅的巨大金融投資。

雖然發橫財也要靠技巧或機智，但實際上往往是局勢所帶來的財運：克虜伯王朝靠戰爭起家；洛克菲勒的財富，在二十世紀初期汽車開始大量製造的時候泉湧而出。

資本家利用世界通貨膨脹的機會，廉價買下許多老店，成爲製造財富的根據地。

在美國最近一百年的富豪中，絕大多數都是由地球的天然能源與利用能源的新機器造就的。雖然有幾位發明家混得也不錯，但大多數財富還是流入先看出燃料和電力機車商業用途的企業家手中。

一九五七年，《財富》雜誌「世襲富翁」名單上列了四十二個最富有的美國人，其中有二十一位財產來自石油或汽車。名單上包括七位洛克菲勒後裔（財產來自石油、鋼鐵、橡膠等等）、三位杜邦子弟（財產來自化學品、汽車、石油、橡膠等等）和四位福特子孫（財產來自汽車）。同一時期榜上有名的新富翁以保羅・蓋蒂爲首，他的財產來自石油，後面還有十三位富翁的財物也來自同一根源，另外四位則因「通用汽車」而致富。

十年後，一九六八年的《財富》最新名單上，前三名仍以石油起家。

英國也是一樣，二十世紀富翁的出現，和地球資源的開發有非常密切的關係。石油、煤、鋼鐵和鐵路造就了大多數的新富翁，他們的子孫連同大地主的子孫占盡了強大的優勢。在英國，古老的財富比較醒目，而且人數較多，但是也有很多新財主出現。

十九世紀末和二十世紀初期，對大膽的企業資本家有利。因爲國家還沒有看出天然資源或公共資源的價值，放縱那些占盡先機的人擁有一切。

這時候很少實行控制的措施，破除壟斷也是以後的事。賺錢的腳步跨向世界那些正大量生產燃料動力的地方。財富不僅能增加財富，而且能加倍繁殖。

一九六二年，蘇利特龍公司的品牌價值不過是一百萬美元，一九七六年，其品牌價值超過二億美元。蘇利特龍賺的錢超過了十倍，但是市場上預估他們利潤升高的評價，

卻使其股票升高了二百五十倍。

如果任何人在一九六二年投資一萬美金在蘇利特龍公司的股票上，十五年後就可以變成二百五十萬美元。

這就是資本的神奇乘法。股票市場用一定的倍數，乘以公司每一年所賺的錢，以達到股票的價值。這個倍數——低則十倍，高至四十倍以上——部分是基於眞正的價值、實際的資產，但是也由過去的成長率和預期的成長率來決定。

股權一旦高價脫手，就會隨著商人所謂「更大的冤大頭理論」繼續漲價。你買下它，只因不論股價被估得多高，都會有更大的傻瓜會花更多的錢來買它。

一位金融作家在倫敦《泰晤士報》上描寫一種金錢行爲投機買賣時，說：「那些人使自己相信，他們已發現了中古的煉金術士，一心想要尋找財寶的秘訣。」

確實如此，細看這一類賺錢的手法，確實好像有一連串的魔術在創造金錢。魔術的基礎就是「更大的冤大頭理論」，即只要有這種人存在，價格就會繼續上升，大家都可以繼續賺下去。他們的資本信念就是相信無止境的增值，股票價格會繼續呈螺旋形無限上升。

加布來斯教授在著名的論文裏說：「自我延續的結構，是基於滿足的過程中所創造出來的需要。通俗的說法，就是爲了讓財富的大乘法繼續下去，必須要增加無限的需要。換句話說，就是讓經濟需要的水準永遠高於增值。」

現在有很多人認爲，財富增長必須結束，僅僅是因爲地球的資源已經用光。也有人說，財富需要產生，自然會有新的能源發掘出來。

但人類的物質需要應該有個限度，一旦超過這個限度，就會造成暴食的社會，將會被活活脹死！

雖然財富繼續乘數的原理有可以預見的結果，但問題是財富的欲望已經壓過理智，使我們走向了悲慘的道路！

瑞士心理學家容格在煉金術的研究中寫道：「化學家覺得荒謬的煉金幻想，心理學家卻可以輕易地用來做爲研究精神學上的材料。」

人們固執的金錢欲望，主要是表達心靈的渴望。若確實如此，也就多少解釋了我們捲入這個財富無限增長過程的原因。

人們消耗、擁有、使用錢財雖然有限，但心靈的需要卻是無限的，如同在大多數宗教中神的能力沒有限度、沒有止境一樣。

金錢象徵著欲望。在各種文化中，金錢是大部分事情發動的目標和最後的報酬。

追求財富有各種各樣不公開的理由，人們一般不會追問自己的金錢動機。既然有一個完美的理由存在，又何必另找原因呢？

爲什麼追求金錢？當然是爲「錢」。金錢的可愛之處是不言自明的。

現代社會非理性的合理性本質，使人很難看出發財的欲望有什麼怪異和不自然的地方。黃金和鈔票人人都喜愛，就這一點已足夠成爲愛錢的理由。

爲了能找到眞正的見解，我們必須先克服否認其他動機的強烈傾向。假如煉金術士想通過大蒸餾器和玄妙的公式把鉛化成金子，他們一定是瘋了。對於這個觀點，大家一定都表示贊同。

但目前的時代，「煉金」發財卻是可能的，因爲財產能增值。用科技來製造熱門的電影，或者研發出新型號影印機、照相機，只要能做到，發財就會成爲現實，而且是合理的。

不過，一個人考慮發財根據的乘法公理最後會導致什麼結果時，這種合理性就會變得令人置疑了。

無限財富對於個人根本沒有什麼用處。對於大部分富翁來說，金錢完全變成了象徵性的東西，也可以說是他們私人荒謬劇場中解困的神力。

從社會角度來看，有不少經濟學家懷疑金錢的合理性和眞實性，比如基歐弗瑞・克羅瑟就曾經到銀行「創造」金錢，他寫道：「……對於個人存在的錢數和掌握金錢的人選，銀行有完全的決定權。」

新的企業家由他們的商譽價值產生巨大的利潤，那份利潤又使他們更容易擴大接收與剝削的領域，他們的淨利潤就可以快速成長。

這是紙上賺錢的最佳途徑。

煉金術士是在探求一種假想的物質，一種沒有人分解出來、大家卻一致認定存在的奇異物。懂得「魔法」的富翁則操縱著大家公認存在而且被印刷出來的紙面價值。

這一類紙上創造財富的公式之所以能迅速創造出來並能發揮神奇效果，並不是因爲表達了某些無情的經濟法則，而是因爲每一個介人此遊戲的人都認爲它們有效。也可以這樣說，紙上賺錢公式是心靈理想的表現。紙上賺錢的前提條件，必須是所有參加的人都默默地對這個觀點表示尊重。假如他們都改變想法，紙上價值就會立刻煙消雲散。

像這種在心理層面上賺錢的方式，意味著什麼呢？這些利潤轉移的眞正運作是什麼呢？遊戲的重點在哪裡呢？

煉金術士由卑賤的鉛塊上看出某些黃金的成分，使所有具有強烈金錢夢的人都陷入

了瘋狂的、貪婪的金錢夢中。

心理學家指出，當人們面對一種未知的物質，或者含有未知屬性的物品時，他們通常會把自己的幻覺當成客觀的現實。這充分表明，煉金術士所認爲的鉛、金以及其餘只有他們潛意識所感知的金屬特性，或許只是他們自己的幻覺。

事實上，金錢並無好壞之分。金錢造成的悲劇，完全由擁有者的本質來決定。擁有者仁慈，金錢是美德的化身，否則，金錢就成爲罪惡的前奏和社會的亂源。

5. 金錢傳奇英雄洛克菲勒們

獵財專家就像童話中的主角或煉金中的「盲目」人物，當他尋求隱藏的財寶、地底的石油、鋼鐵、金礦等寶藏的時候，大多根本沒有意識到自己的動機，只有引述「沒有人不要錢」來爲自己的行爲辯白，完全不考慮這件事對自己的意義。

如果他認爲金錢能改變他，那就堅信他的金錢夢一定符合自己。他不怕錢多，因爲他沒有體會金錢險惡的一面。他也不瞭解委身於賺錢，往往使自己愈來愈不自由，而且他不能隨時停止。

很多億萬富翁發現，金錢對他已經不再有眞正的意義，但是仍身不由己地賺下去。最典型的就是「盲目」賺錢者，這些人終生無情地呑滅他們的競爭對手。爲了達到自己的目標，他們不惜犧牲家庭的溫情和個人的幸福，拚命克服他發財手段所招來的恨意和反對。最後，等他達到目的，卻發現錢財對他根本沒有用處。他惟一的辦法就是把錢送走，於是他又開始像當初賺錢一樣，狂熱地把錢捐出去。

約翰·洛克菲勒也許是最成功的大獵財家，他一生正是那種「盲目」賺錢和「盲目」捐錢的眞實寫照。他十六歲以帳房起家，到了四十多歲，已經擁有十六條鐵路和九家礦業公司的大部分股權，還有造紙、鐵釘、蘇打、木材工業、九家銀行、投資所、九家地產公司、六艘輪船、二片橘子林等產業。

當然，他還有標準石油公司，也就是他一切巨大財富的起源。油源報告由他財富帝國的每一部門傳來，都說油井像尼加拉瓜的瀑布一樣奔流不息：油田每日生產九萬桶，油田和噴油井滾滾而來。

標準石油公司用舢板經水路把石油運往中國。用手推車在印度北方的大路上運載。土著酋長用「標準石油」爲宮殿照明。墨西哥僧侶把它和蜂蠟、硬脂混合在一起，製成蠟燭。「標準石油」傳遍歐洲，在英國、丹麥、德國、荷蘭都設有分公司，還輸往俄國、非洲、南美等地。

這都是汽車出現以前的事。

用石油做燃料的引擎發明出來後，先是用於蒸汽鍋爐，然後是用於麥田抽水機、鋸木機，後來又用在船上，最後則用於汽車。

十九世紀末，「標準石油」每年的純利潤節節升高，到了二十世紀初，隨著汽車工業的飛快成長，他們的利潤更高了，一九〇六年則達到八千三百一十二萬美元。

這是一個連續不斷的財源，維持和增殖的手段變成強盜傳說的一部分——秘密的交易、議價的安排、間諜、恐嚇等等，工業大王可以強迫別人接受自己擬定的條件。荷普本委員會曾經在一八八〇年的報告中談到：在這個國家，非法壟斷已達到很大的比例。他們發現，洛克菲勒可以按照自己所開立的條件，提高折扣用火車運石油，結果鐵路當局只好增加其他公司和一般旅客的費用來彌補損失。

還有殘忍的壟斷家剝削寡婦的故事，其中最著名的就是「布克寡婦案件」。根據她的說法，洛克菲勒殘忍地欺騙孤弱無依的寡婦，只以略多於實際價值三分之一的價格，強行買下了她的產業。

這個故事必定有多種版本，有些版本倒不見得把洛克菲勒描寫得這麼黑心。但是寡婦的故事一傳出來，大家都相信了，因爲根據洛克菲勒的行事作風，似乎做得出這事，當時他的這種行爲已經家喻戶曉。

一九〇五年，《麥克麗爾》雜誌的作家艾達・塔貝爾這樣描述洛克菲勒：「他也許是世界上最醜惡的愛錢情感的犧牲品，金錢是他最終的人生目標。他絕對沒有愉快的生活畫面，是位詭秘、耐心、永遠打算增加財富的愛錢狂。」

面對媒體的各種評論，洛克菲勒從不爲自己辯白，但有一次他的一位重要助手尖刻地抱怨這些傳言所造成的形象問題，他說：「我們達到了商業史上無敵的成就，我們的

名聲傳遍世界。我們的大眾人格不僅得不到應有的尊重，反而被視爲罪惡、狠心、壓迫、殘酷的代名詞，我們認爲這是極不公平的。大部分人都蔑視我們，對我們指指點點。說三道四，只有少數人奉迎我們，卻偏偏是爲了金錢，我們看不起這些阿諛奉承的傢伙，因此心裏更加難受。」

這也是一份提案的序言，此提案要求洛氏把利潤分給石油生產工人和標準公司的員工，以改變輿論的看法，因爲「現在的輿論對我們太不利了」。洛克菲勒雖然聽從老同事的懇求，但是並沒有眞正採取措施，因爲這與他的性格不符合。

由這些例子明顯看出，洛克菲勒愛錢的盲目性是何等嚴重。但同時，金錢並沒有給他帶來純粹的快樂，他總覺得錢是一個大負擔。於是，捐錢成爲他減輕壓力的最有效途徑。

爲此，他的助手費德列．蓋特曾經用《舊約》來警告他：「你的財富會愈滾愈多，像滾雪球一樣！你必須跟上去。你必須儘快分配出去，要比增長還快才行。否則它不僅會壓扁你，還會壓扁你的子女和你的孫兒。」

可是，獵財專家洛克菲勒仍然固執而狡猾地對抗政府分解標準石油托拉斯的企圖，因爲這項聯營，每年能賺進投資額十四倍的利潤。

洛克菲勒全家前往日本渡假時，一身牛仔T恤，過著簡樸的日式生活，絲毫沒有任何大亨的派頭。相反的，中產階級前往海外旅行時，從頭至尾，包括皮鞋、皮包，無一不是重新購買的。

腰纏萬貫的人省吃儉用，而囊中羞澀的人反而揮霍無度。究竟是什麼心理所造成的呢？這完全是因爲自尊問題。換句話說，手頭不太鬆的人。內心總拒絕買便宜貨，認爲自已購買便宜貨，就會被他人視爲貧窮之人，而覺得有損自尊，因此打消購買便宜貨的念頭。雖然自己不甚富有，但爲了不被人看不起，或維護應有的自尊，寧可打腫臉充胖子，花高價買些高級品。於是就出現了越是沒錢的人越購買高級品的現象。

對有錢的人來說，由於沒有自卑的心理障礙，所以能坦然地購買便宜貨，他們認爲只要物品本身的品質與功用沒有問題，便宜貨也不錯，何必一定要選擇高價品呢？

有鑒於此，理財專家建議，沒錢的人在購買物品時，要站在實際的利益觀點，袪除自卑心理，心平氣和地購買便宜貨。如果一味追求虛榮，就如墜入無法自拔的深淵，永遠也不可能發財致富。

洛克菲勒個人用錢很少。他對服飾的鑑賞力非常單純，即使西裝穿舊了，家人也沒辦法叫他換件新的。他吃得也很簡單，最喜歡牛奶加麵包。家裏的烹飪普普通通，從沒雇過法國的廚師。他是戒酒主義者，而且強烈主張克己，他認爲美國本身就受了酒精不少害處。但他捐錢的速度卻日漸加快，一九一九年全年捐錢竟超過一．三八億美金。

洛克菲勒一方面是眾所周知貪婪的愛錢狂，終生只知拚命積聚錢財；另一方面卻又是有名的慈善家。但他的善行似乎不是要支援他所信仰的目標，例如他捐很多錢給教育機構，他自己卻幾乎從來不看書，他的熱情似乎只限於讓鈔票從自己手中流出去。

別人也有洛克菲勒那樣狂熱的金錢欲，在想像或現實中模仿他，我們可以斷定，這些人也會爲自己所不知道的金錢動機而瘋狂地進行獵財。

洛克菲勒和十九世紀其他大工業家的成功故事，表現了前所未有的金錢大追逐。機會存在著，而且前人的經驗也指出了成功的途徑。賺取自己的金山已成爲人生的目標。

說句很不客氣的話，世界上很多人都相信人生的目標就是求勝。發財和求取權力，除此之外，別無他求。幾乎每個人都擁有金錢夢，但懂得該如何獲取或使用它的人卻寥寥無幾。

賺錢和男人氣概合而爲一，商場就是男子漢的試驗場。

6. 人類嶄新的賺錢方法和可能

商業鬼才不容易得到多數人的羨慕和欽佩，相反的，大家對於一舉發大財的金融大師成功故事很感興趣。

青年理財專家約翰．本特力，想出一個花二百五十萬元賺進一億美元的計畫，他得到了好運氣。他成立了一個蘇格蘭人壽公司，本金只有他的二百五十萬，卻控制了四千萬的帳面投資，另外還有六千萬的準備金。

他說服史雷特世家的吉米．史雷特，對某公司來一次突襲，於是他們暗地裏開始收購其股票。

當股票上升達到8％，公司董事會才發現這回事。雖然他們遭到阻止，但是他們買到的股票卻漲了一倍多，這是本特力暴富的開始。

查理士．布魯唐恩一次又一次地吞下別家股權，從汽車零件、鋅礦到《教父》的電影版權無所不包，最終拼湊成了海灣及西方公司。

眾所周知，只要有主意就能賺錢。這個信念因為更多人的致富成功而更加牢固。

比如愛溫．蘭德博士發明一台瞬間拍照的照像機，這個發明，讓他賺進了大約一百

八十五億美元的財產。

要是能想出打上鞋油卻不弄髒褲子的自動刷鞋器就好了！或者用某一家公司的錢來買下該公司，這並不是個異想天開的主意。英國有對付這種行爲的法律，可見有人這麼做過。

「很少有人瞭解到，」麻州牛頓城國際資料公司高級研究所分析員邁可·梅裏特說，「IBM在三六零型電腦上投入設計、發展、製造和出售的費用，花了好幾十億美金。一九六四年，IBM開發三六零型的時候，董事會把公司的存亡都賠在那一條生產線上了。」

投機遊戲的關鍵，是把一切賭注押在一種暢銷品上，就連最大的企業也不惜採用此原則。

汽車工業已變成一種橫財事業，靠「迷你型」或「野馬型」來決定後果。航空工業也是一樣，一種新機型既可以造就一家大公司，也可以使大公司破產。

勞斯萊斯公司就是因爲三星引擎出問題而垮臺。「波樂路」公司的股票變成超級股票，但是德國蔡斯公司卻不得不停止生產照相機，儘管他們相機的品質是世人公認的優質品。

製藥工業一舉追求最大財富，可以由「晨後」牌避孕丸的發展得到證明，也可從「沙利竇邁度」的悲劇中略知一二。悲劇的發生，主要是因爲原來的德國製藥商決心要大賺一筆，所以沒有警告大家注意藥的副作用。

電影事業向來是「一票撈」的事業，但是現在影片的製作費用愈來愈大，銷量卻愈來愈低，所以公司命運可能會繫在一部片子身上。

比如《教父》一片，估計最後可以爲海灣及西方工業公司賺進八千萬美元。相反，《我愛紅娘》一片投入二千萬美元，結果賣座很慘，足以拖垮一家公司。二十世紀福斯公司差一點就此完蛋，幸虧《外科醫生》意外成功，才挽救了它解體的噩運。

「一票撈」的事業，是把巨大的財源投資在一件物品或者一種發明上，相信那一票會受到壓倒性的歡迎，撈回所有的投入，並獲得豐厚的利潤。

也有很多事業不屬於這一型，只是供應一系列有市場的產品或服務，以薄利多銷的方式售出去。例如運輸、工程、紡織品、居室建築、醫藥服務，這些都是不屬於暢銷狂熱的領域。

在這些行業中，人們可以富裕、可以賺錢，但不是突然發財，也不是靠一件產品或一個概念來發財。當然，這也不是說暴利沒有來臨的可能。養牛雖然無法立刻獲得暴利，但是科學家已在實驗室中找到高蛋白食物的製作方法，如果能推出眞正美味的人工牛排，一定可以成功致富。儘管醫藥服務利潤頗高，但只有醫治有病的藥物才能突然賺回百萬鉅款，而電腦化的醫療檢查卻可以成爲大財源。喪葬業不是一票撈的生意，但是死後冷凍若流行起來，也可以賺很大一票。

大家隨時都在尋找嶄新的賺錢方法，從正經買賣到投機行騙，無所不包。

從前，正派人不參與金錢遊戲，儘管一次橫財能增加好幾倍的財富，而且，誰也不會在高尚的社交場合談論這些事。但是，現在幾乎所有圈子內的成員都只談這些事。

現在，發橫財的念頭不再是一種羞恥。事實上，這樣做的人，比如密集投資商、國際投機商、汽車批發商、演藝人員、典當業者等，都變成了我們時代的金錢製造者。

從他們所受到的關注程度來看，顯然不管他們做了些什麼，大家都觀注他們。

現在，已沒有人會因爲賺錢而被人蔑視。相反，狂熱地追逐金錢已被視爲最吸引人的歷險遊戲。

在現代人眼中，富翁就是一個爲財富霸權而比賽的現代騎士，商人也不再被視爲具有邪惡激情的人。

7. 參與追逐金錢的激情遊戲

追逐金錢已成爲現代最富激情的遊戲。

沃森．克虜伯原來是一位記者，曾經在華盛頓的《新聞週刊》工作，報導過白宮、國務院和參議院的重大新聞。他結識過很多重量級的人物。他是當時參議議院多數黨領袖林登．詹森的朋友；他曾和艾森豪總統談過兩次話。

一九六一年，他辭去報界工作，踏入金融界。用他自己的話說：「我已厭倦報導有作爲的人物，我自己也想有一番作爲。」

克虜伯到過華爾街的多家公司應聘工作。在當時，公司往往提出的第一個問題是「你有多少錢」，第二個問題是「你父親有多少錢」，第三個問題是「你的好朋友有多少錢」，克虜伯回答「零」「零」「零」之後，公司就回絕了他。最後，克虜伯竟然說服了一家公司雇傭了他，但是週薪只有三十五美元。

有一天，克虜伯在麥迪森大道遇見奧國大使。奧國大使表示奧國想籌一千二百五十萬美金，用來發展本國的水力發電，但遇到一些困難。克虜伯告訴大使說：「閣下，沒問題。星期一到華爾街我的辦公室來，我給你弄一千二百五十萬。」

幫助奧國貸款是克虜伯成爲金融家的開始，現在他已是銀行投資家，替仍想致富的有錢人擔任理財顧問，密切觀察對金錢有熱望的人。

人們參加賺錢的遊戲有四種理由：

第一、因爲沒有別的事可做。

第二、爲了權力。

第三、出於貪婪，這支配著大部分人。

第四、純粹爲了遊戲，和西洋雙六、賽馬或其他迷人遊戲一樣，他們對金錢遊戲有著很大的迷戀，甚至可以說是依賴。

致富的憧憬改變了大家的生活，改變了人們內心的目標和思考方式，難免也影響了古老、緩慢、年年相沿的鄉村社會型態。大家都蠢蠢欲動，如果知道某一個地方有錢可賺，而且有人已賺到了錢，大家都要求那些聰明而年青的人起步向錢進發：必須出去闖闖，必須到有錢可賺的地方去奮鬥。

無論他們來自何方，新到能賺錢的大城市的人都沒有根底，也沒有古老的家庭支撐，註定要彼此結成赤裸裸的金錢關係。金錢使他們聚在一起，金錢是他們共同的興趣。如果你認識的人在生意上對你很重要，你必然會與他結交。

在獵財者充斥的都市裡，你必須靠關係尋找財路，認識不屬於任何層面的人只是浪費時間，認識一個和某個知名人士有交情的人，或和某個組織頭子有交情的人，你會覺得這一點很有意思、很重要、很刺激，也很有用處。

當然，並不是說一個人非要勢利地選擇某類對他有利的朋友，而對他沒有用處的人根本就引不起他的興趣。

這種情勢的另一面，就是與賺錢活動密切相關的人，彼此會產生很親密的交情，可以成爲終生的朋友，甚至愛人。但是金錢的基礎一旦消失，這些關係就會立刻粉碎，這倒不一定是冷酷的機會主義，只是賺錢的機車一脫軌，這種關係也就沒有存在的價值了。

在當前社會裏，金錢變成崇拜的目標，正如每一個宗教裏膜拜神靈很快成爲儀式一般，已經失去了原有的意義。

賺錢在非常高尚的形式下，已經成爲自動化的一個環節。基於某些沒有人懷疑的教條，它被視爲理所應當的舉動。

一個人賺的錢愈來愈多，但他仍不能停下來，因爲他想建立一個財富帝國。對他來說，世上有希臘帝國、羅馬帝國和他的金錢帝國。

因此，他需要吞併。他不關心他正在交易的實際商品，他只想把一切都歸屬在自己的名下，自己成爲世上所有財富的擁有者。這種人行爲的理由，是他想做商界最偉大的人物。

實際上，在每一個行業中，大家都在尋找致富的可能，也可以說是秘訣。大家都不甘心僅僅能養家糊口，只是提供服務，供應實用的物品。大家都渴望發財，但並不是每個人都能如願，惟有和別人對比，才能體驗發財的感覺。

財富的欲望很少能得到滿足，儘管社會財富在普遍增加。因爲，致富的基礎是每個人都想在金錢的積聚方面超過別人。事實上，致富只是名氣的競賽，而且是在令人不悅的比較下產生的。

自洛克菲勒以來，致富的渴望流傳得更普遍了。這個事實並不能使發財夢變得比洛克菲勒時代更加合理，雖然新的社會風氣也許會給它帶來看似合理的詮釋。

在金錢遊戲中，原始的貪婪表現得特別清晰。換句話來說，對財富的追求已超過了主觀的需求或客觀的供應，那是對金錢永不知足的欲望，這與很多女人張牙舞爪地搶購自己從來不穿或者要棄掉的廉價服飾的情形差不多。

第二部分

金錢的神奇

花錢是比賺錢更難的事

PART 2

8. 金錢可能拖垮了富翁

我們所探討的金錢成功者，似乎大都是不太內向的人，他對內在現實幾乎沒有什麼知覺，需要從外在世界、從最接近他的幾乎不易察覺的內在渴望代替品中求得滿足。

無論外表看起來多麼合乎他對安全感、確定感與愛的內在需求，現實與夢想永遠下能完全吻合，這也是金錢不能滿足人的原因。

隨時得到滿足是生活的常態。擁有極度渴望的大財富以後，生活很快就失去了原味，這就會導致生活更加複雜。大財富似乎很容易讓人厭倦。人們有了無限財富以後，金錢就變得毫無意義了，「該焚毀的錢」基本上是這種心靈狀態的總結。如果總是不能令人滿足，有時候就會因財源過剩而受到人們眞正的輕視。

我們常常看見慈善行爲招來侮辱、恨意與輕蔑，慷慨大方常常招致忘恩負義的背叛或傷害。我們嫉妒施與我們東西的人，因爲對方有能力施與，這就使我們不悅。我們愈渴望一件物品，就愈重視滿足那項渴求的力量，因此也就愈嫉妒有那項能力的人。

我們渴望吃東西、被人愛、被支持，所以就嫉妒別人有喂我們、愛我們、養我們、支持我們的能力，他做得愈好，就愈受嫉妒。

嫉妒者想毀滅善行，即使被施善的對象是自己也不例外。我們說某些人「太好了，我們高攀不上」，這還表達另一種意思，忿忿地指責他們那讓人受不了的優點。這些聲調和表情，恰恰表現了自己對他們眞心或虛僞善行的無法忍受，有時候甚至到了嫉恨的程度。

過量的財富也可使人發窘。如果獲得渴望已久的大量金錢，供應金錢的財源就會被賦予完全不成比例的價值。來源的無限性太令人嫉妒了，簡直令人無法忍受，於是自衛性的倦怠就成爲貶低財源，使它不那麼令人嫉妒了。

洛克菲勒一面瘋狂而殘酷地積聚金錢，一面又覺得被積聚的金錢所壓迫。有一次他很感慨地說：「擁有無限財富是最大的負擔，只有施捨才能減輕壓力。」

嫉妒無限的財富源泉，惟有自己成爲那無限的源泉才能得到安慰。反過來，一個不太重視金錢的人，不會把財源看得太可愛，以至於嫉妒它的可愛性。所以他不會一心想成爲財源本身，而且他也不會把錢捐出去。

於是，就出現了這樣一種現象，最貪求金錢的人，往往是最迫切需要把錢捐出去的人，因爲他想和無盡的源泉合而爲一。

由財源過剩而招致嫉妒的現象中，我們不難明白，爲什麼發財往往變成兩面不討好的事情。金錢其實幾乎不能提供人們夢想中的滿足和歡樂：

有人被錢逼瘋；

有人被錢毀滅；

有人爲錢終生拼命；

有人爲錢迷惑，掉頭不理人，變得冷酷無情；

有人對錢感到困擾或失望。

謀得大財富的人常常發現，在擁有了大量錢財以後，自己似乎更加不瞭解金錢了。馬里奧・普梭在《教父》電影版權賺了一百萬美金之後，常常抱怨說：「從來沒有眞正見過這麼巨大數目的金錢。」

很多地位和他相同的人也發現，儘管銀行的賬目就在眼前，他們仍然不覺得富有。保羅・蓋蒂在一次電視訪問中說過：「我從來不覺得自己眞正富有，在石油業中，比我有錢的人不計其數。」

他所指的是「德克隆公司」、「海灣石油」、「希爾公司」、「標準石油公司」。這種比較似乎不太合適，因爲他把個人的財富與擁有數千股東的大公司的總資產相比。但毫無疑問的，這是他的感受。

很顯然，這不是財富數量差別的問題，而是有其他的成因。世上最能證明那些成因力量的，莫過於億萬富翁都不覺得富有的狀況。

這充分表明，獵財者想用金錢來實現「無盡源泉的幻想」。即使他們得到了無限的財富，但仍然註定要失敗。

石油、大廈、雕像、名譽、妻妾、私人動物園、名聲等所有一切，都不能改變保羅・蓋蒂臉上那種不能得到狂歡的厭世表情。他似乎在朦朧之中感覺到了一種失落感，但又說不出個所以然來。

賺很多錢的人常常會發現，預期的滿足遠遠地避開了他們。《花花公子》在歐洲的主將維多・羅尼，已經賺進五百萬美元的私產，他除了這個遊戲，也炒股票，有時候還贏了。他對此卻說：「碰巧我的投機買賣押中了，賺了幾百萬元。難免有一種得意洋洋的感覺，其實很愚蠢，因爲它沒有帶來任何我以前所沒有的東西。」

這句話既體現了金錢遊戲勝利後的神秘樂趣，同時也隱藏著除了金錢並沒有其他意義的歡樂。

作家約翰・皮爾森也證實了這種感覺。他曾寫了一部伊恩・弗來明的傳記，美國好

幾位出版商爲它投標。皮爾森說：「有一天，我的經紀人在麗茲大飯店舉行德文版權的拍賣會，我走出來的時候，價格已升到二十五萬美元左右。我記得自己走上雷根街，望著街上的店鋪自忖道：我用這麼多錢買什麼呢？在那一瞬間，我什麼都不想要了。」

但是，這種「預期的滿足卻得不到滿足」的心理狀態，往往持續不了多長時間，人們總可以找到處理的途徑——往往只是花掉，以便體會擁有那筆錢的感覺。皮爾森的感覺，表達了一般人對於突然發財的不眞實感覺：

這筆錢能買些什麼？對我們有什麼好處？這種好處已經足夠了嗎？如果不夠，還要多少才能覺得眞正滿足？

維多．羅尼在推敲這件事時說：

「怎麼說呢？舉個例子吧！海夫納有一架DC—九飛機，我沒有。然而每次他要出門，就必須在幾天前作一個計畫、去找駕駛員、安排時間表等。我認爲，我的境況不是比他更好嗎？」

「我只要走出去登上一架飛機就行了。我不是比他行動更方便嗎？從另一方面來說，擁有自己的DC—九飛機是很不錯的。那是一種豪華的旅行方式。你既可以叫機上人員端上你要的餐飲，又得到身份地位的滿足，別人都羨慕你。你還可以邀請朋友同行。那實在是一件昂貴而有趣的事。我不反對擁有這一切，我也不反對擁有一座古堡，或者有一棟四十個僕人侍候的華屋，像海夫納在加州那棟一樣。但我也不渴望那些，因爲我能夠依理性分析出那是一種拖累。

「我明白事情的兩面性，我知道自己很想要，我也明白自己的能力狀態，並加上合理的解釋，所以我還是很快樂。如果你貪婪地渴求，但卻不能擁有，又不能加上合理化的詮釋，結果是很可怕的。我永遠在找大一號的房子，甚至親自去找。我叫房產代理人打電話給我，只要他們找到我要的房子。我總是投標太低。我知道標到那座房子，等於踏上了全新的階層。

「有時候我很願意踏上那個階層，有時候又想，何必呢？那只是一種拖累。」

在這樣左思右想之下，人對金錢以及它所帶來的夢想，或探求沒有想到的事情，就會產生好惡相剋的心理，這該如何解釋呢？人類在拼命爭取某一樣東西時，會產生高度的緊張，完成時一剎那的解放感被視爲極度的快樂。

佛洛依德認爲：「所謂歡樂，源自於受阻的需要，若突然獲得了滿足，依它的本質而言，僅僅是一種插曲般的現象。預期所渴望的情況若延長下去，就只能產生不算合心意的感覺。」

獵財者總是把金錢放在崇高、永恆的理想境地，這是根本不可能的。因爲我們只能從財富的對比中得到強烈的快樂，很難從事情的靜態中得到狂歡。

大富翁們認爲，最難忍受的，莫過於連綿不斷的平常日子。擁有大量財富更難忍受，因爲它被視爲能滿足所有需要的力量，能眞正使人充實。所有夢想致富的人都這樣想，已經發財的人也多多少少這樣想，然而事實上卻不見得如此，於是就覺得這是個人本身所造成的失敗。

一般而言，能自由支配覺得眞正屬於自己的金錢，只限於在自己眼前的金錢。一旦不在自己眼前，不管是借給他人，或存入銀行，只要遠離身邊，雖然還是自己的錢，心理上大都覺得已不是屬於自己的金錢了，惟有錢包裏的現金才有眞實的感覺，而且有過銀行定期存款中途解約的人，這種感覺更加強烈。

因此，理財專家建議，想存錢的話，最好選擇較遠的銀行，並且辦理定期存款，而且最好選擇手續麻煩的存款種類較好，這樣可以有效地控制自己中途解約或取款。

金錢不但無法帶來某些預期的幸福，還會斷絕先前的快樂。小說家勞倫斯・杜瑞爾曾說：「發財的困擾之一，就是你需要雇人替你做以前自己動手會很有樂趣的事情。在法國我沒錢的時候，自己在庭院四周砌圍牆，得到很多意想不到的樂趣。我從《亞歷山大三部曲》的電影版權中賺了一些錢以後，我可以雇人來砌牆了，從此就再沒有享受到動手的快樂了。」

類似這樣的情況不勝枚舉。當人們愈來愈有錢，就不必做先前他們很感樂趣的工作。廚師、司機、園丁。保姆、私人教師、社交秘書、助理、助手等一大堆人，最後會剝奪新富翁一大堆以前視爲生命的癖好。

有一個人，由於很愛汽船和大海，於是自己買了一艘豪華汽船，並載送客人出海，那是他十分喜愛的生活。由於他擔任船長非常在行，所以租約源源不斷，以致他不得不回絕許多生意。有人建議他再買一艘船。第二艘船生意也不錯。

不久，船長就有了第三艘船、第四艘船。幾年之後，他開起了一家成功的遊船及租船公司。他現在所有的時間都用來經營公司，他幾乎不能再親自開船出海了。金錢把這位稱職的船長，變成了一位人人誇獎的行政總裁。

很多建築師都因爲太成功了，所以搞設計的時間愈來愈少，最後變成行政人員或成

本計算師。就這樣，原有的喜好被更高的報酬犧牲了。

高報酬是任何人都無法拒絕的，因爲整個社會都證明，金錢才是解決問題有效的力量。

爲保持較快樂、較有趣的工作而拒絕高利潤的誘惑，這需要獨特的決斷。即使一個人目前的收入已遠遠超過他的需要，追求高報酬純粹是爲了積聚金錢而已，情形通常還是一樣的。

所有人都一致認爲，財富能帶來曾經夢想的某一種東西。等事實證明得不到的時候，這種人就會絕望。當發現自己犧牲了眞正的喜好，追求的只是金錢虛構的景象，更讓他苦惱的是，他還不得不這樣繼續下去。

此外，金錢有時還能毀滅其忠誠的追求者。

往往很難證明一個人生命中的某一事件與另一事件相關。不過我們常常意識到，金錢遊戲有種神秘的附著性，不能用單純的巧合來解釋。

例如，洛克菲勒在賺錢的顚峰時期所發生的情況，似乎就不是純粹的巧合。一八九〇年到一八九六年，「標準石油」的利潤由每年一千九百萬升到三千四百萬。他也以貪婪殘忍而聞名於世，惹得《麥克威爾》雜誌的作家艾．塔貝爾說：「他已經把商場變成戰場，用殘酷、腐敗的手法加以破壞。」

或許是但丁式的報應吧，在洛克菲勒五十一歲到五十七歲的這段時間，他突然衰老了，駝背彎腰、浮腫不堪，臉上有了很深的皺紋，而且患了一種名叫「綜合禿髮症」的神經疾病，頭髮幾乎掉光了。一八九〇年以後，他不斷說自己有神經疲勞和消化器官的毛病，這些毛病不能不說是過度奮鬥的結果。

一八九〇年，他在經濟上已經打不倒了，那年還捐出約三十一萬美元，一八九六年則捐出約一百八十八萬美元。

儘管這看起來非常荒誕，但我們總得承認金錢可能也有不利的效果，也就是所謂的「金錢外傷」。

金錢外傷中有一個比較容易瞭解的現象，賺取金錢的過程中可以把自己逼瘋。諾斯克里夫爵士的精神崩潰，幾乎可以肯定地說，完全是金錢造成的。在保羅·費力士的《諾斯克里夫家族興衰史》中，讀者可以看出英國報業大王爲金錢發瘋的程度。

由於一心追逐大財富，諾斯克里夫的言語與行動完全漠視別人的感受和權利。爲了財富，他甚至不去醫治精神上的毛病，因爲如此巨富的財主，是不能讓人知道他精神失常的。無論他的行爲多麼可恥、多麼瘋狂，總有人隨時容忍他，還把他的行動當做正常來加以迎合。金錢使他免受傳統的限制，也阻擋了別人檢查他精神病的舉動。

爵士的侄兒西西金，曾經多年擔任英國《每日殷鑒》報紙及雜誌組織的主席，他說道：「我生長在幾位財產超過億萬、境況卻很悲慘的叔叔身邊。正如有些人沉迷於酒類，他們也是一種癡迷狂，略有不同的是，他們是爲賺錢而迷醉。」

報上常常刊登人類遭受「金錢外傷」的故事，據倫敦《泰晤士報》報導，青年邁可・布羅迪是一筆財產的繼承人，他想擺脫那筆財產的束縛。最後，員警發現他死在紐約的阿許歐肯。他顯然是把一隻獵槍放在兩膝中間，然後射向了自己的頭。

另一則標題寫道「成就殺死了富翁」。倫敦人大衛・克羅斯萊的事業發展得太快了些，他於是陷入了焦慮和煩悶的情緒之中，最終在無法擺脫之下自殺了。檢察官說：「不斷地追求商業成功，結果使他感受到了太大壓力，造成神經衰弱。」

另外一則標題談到，一個擁有十五萬美元的隱居者，卻住在月租僅四美元的茅草屋裏；一位隱居人士被葬在墓地之後，人們才發現他擁有四十萬美金的房地產；還有一件偷竊案的受害人，「悲歎著壁櫥裏的財富」。

安東尼・山普森在《大英新剖》中寫道：「傑克・科登擁有了全世界最大的財產之後，於是產生了誇大妄想狂的徵兆，健康情形也不好。一九六三年，他賣掉自己手中的股份，第二年就一命嗚呼。」

《孤雛淚》作曲家利歐尼・巴特賺進百萬卻分文不剩，他說：「富有是我無法應付的情況。」

廣播節目播音員西蒙・邁迪這樣說：「一度發現自己騎著致富成功的野馬，但是財富卻把我丟到我所不認識的地方。那是一個螺旋，難以置信的螺旋，而且我無法應付，當然……我不瞭解金錢……只是狂想……像變色龍隨周圍環境改變色彩一樣，我們也隨著收入而改變顏色……錢是腐化道德最偉大的力量，它能使人腐化……」最後，他破產了，靠失業津貼度過餘生。

小說家邁可・克里奇敦說：「你突然發現自己有很多錢，首先你必須立刻對它有所反應。起初我假裝沒有這麼一回事，我一個錢也不花……，聽起來這好像是一種災禍。我不覺得是災禍，我認爲很偉大。我想，你可以被財富所毀，這是沒有問題的，它能驅動各種使人腐敗的力量……」

本來在正常情況下，動物世界沒有相當於金錢制度的現象，但同樣也能被金錢「腐化」。動物學家迪斯蒙・毛里斯做了一個實驗，把「利潤動機」介紹給猩猩，首先他教它們畫圓，發現它們變得很可愛，於是就用花生來做爲它們工作的報酬。最後，毛里斯

頗爲苦惱地說：「不久它們就隨便亂畫，以便得到更多的花生。我把商業利潤介紹到猩猩的世界，結果卻毀掉了它們的藝術天賦。」

9. 樹立正確的求財動機

很多人渴望擁有能當做萬靈丹的東西，然而，得到以後竟會非常失望，甚至會受到傷害。對於這種情形，我們該如何解釋呢？是什麼心理造成這種突然的反效果呢？一向如此嗎？如果不是，需要哪些條件才能使發財有益而無害？金錢成功者如何避免金錢殺手呢？

艾略特．傑魁斯博士對這些問題頗有見地。他本身是醫學博士、大學教授、臨床心理分析家，也是大英葛萊西爾金屬公司一個特殊管理計畫的創始人兼顧問。他依據自身的經驗和研究，下了一個驚人的結論：「人們不自覺地衡量自身價值的時候，不管受到高估或低估，金錢煩惱都會發生。」

他接著解釋道：「當一個人遇到報酬過高的現象，罪惡感和焦慮就產生了，接著就是強迫性的揮霍亂花。經濟學家形容這種應付方式，是超越明顯消費範疇的天真炫耀，否則就是強迫性的積聚。」

薪酬過低也有特殊的結果，但是我們只關心爲什麼報酬過高會具有相反的效果。一個人憑什麼標準知道自己報酬過高了？

傑魁斯設計了一個很有創意的身價估計法。根據這一方法，可以測量出個人所承受的工作負荷，因此也估量出個人該得的報酬水準。

他認爲，工作負荷可以用個人爲工作單獨付出的時間長度來決定。他把這一項變數稱爲判斷的「時距」。他表示，時距一樣的人大體都會覺得報酬也應該一樣。時距愈長，他們自然認爲該拿的報酬也就應該愈高，爲什麼呢？

一個人所要承受的工作負擔是不可靠的。一件事結果愈難肯定，就愈難以忍受。因爲不可靠，就表示我們所想要的滿足會遲遲不來，或者還會完全失掉。小孩子幾乎完全不能忍受這種拖延，因爲他們現在就要，後來才能忍受較長的不確定時間。

傑魁斯說：「由一個幾歲孩子能放棄眼前的快樂，以顧全第二天更大的快樂，你就可以估計出他未來的能力。接下來就看他忍受快樂的延展時間能不能拖長了。」

所謂領導力、創造力、性格的強度或者改革的天分，基本上就是比別人更能長期承受不知道結果的心理負擔。

從事一項工作的幼童，需要大人立刻保證他們的工作做得很對、很好、很合人意。我們認可這一點，多多少少給他們持續性的督導，也就是老師或父母做一明確的判決。在此種情況下，就連否定的決斷也是一種解脫，這樣可以使小孩有勇氣進入下一段不確定的時期。

對某些人來說，這個時間段永遠不能大幅度延長。即使成年了，還是需要旁人不斷監督、保證、領導、鼓勵，他們只能承受輕微的工作負荷。

傑魁斯說：「責任輕重的心理感覺，就像冷熱的感覺一樣『眞實』。我們都有這樣的經驗，責任心太重的時候，我們就會覺得受壓迫、負擔過重；責任變輕的時候，甚至過輕的時候，壓力和擔憂化成了解脫，然後又轉變成厭煩、不感興趣……」

傑魁斯覺得，由一個人必須獨自負責、沒有別人來插手解圍的工作時間長度，就可以測量出工作負荷或輕或重的不同感覺。他相信，自身估計的報酬和這個時距有關。公眾一致認爲，生命中最高、最難的工作，就是需要獨立忍受未知最久的事業。

擦窗人的工作，馬上就有別人檢查、判斷，擦鞋工作判斷的時距更短。

從我們逐漸升高工作的尺度就會發現，人們必須承受更長期的責任，才能證明工作確實富有成效。工頭比工人長，經理比工頭長，一位總經理也許要忍受兩三年不確定的時期。

工作愈重要，忍受的時間就愈長。有些政治家、領袖、技術家、改革家一輩子都不知道自己的工作會有什麼結果，只能留待歷史去判斷成功與否，這是最大的負荷。天才就是見效時距超過自己一生的人。

傑魁斯能根據簡單的問話來衡量個人的「時距」。他讓試驗者在紙上寫出目前工作中，他認爲該得的收入，然後詢問他工作的性質，也就是找出這個人工作上獨自負責的時間長度，最後根據這一點推算出他的應有待遇，這往往差距很小。

我們如果知道自己工作負擔和別人比起來孰輕孰重，也就知道自己的待遇和他們比起來該是多少。

我們的報酬如果遠超過自己的應有待遇，我們就會有各種緊張的徵兆，因爲我們潛意識裏認爲自己騙取了別人該得的一份，怕他們報復。

暴富的人之所以常常造成金錢外傷，就是這個道理。爲了對抗這些逼人的恐懼，有錢人必須使自己更有錢，才能使自己不受傷害。但是他愈有錢，就愈怕那些被他剝奪財富的人。於是，富翁只有不停地積聚金錢。

也可以這樣說，突然有大量和工作不成比例的錢財湧入，就會發生金錢外傷。像藝術家、作家、演藝人員、賭徒、投機商，他們都很容易一夜發財，因此特別容易遭到這種金錢外傷，他們中的一些人會在心中自覺不配，他們覺得自己是騙子，遲早會被人發現。有些人不受橫財的傷害，那是因爲他們有自我擴大的能力，相信配得到那些錢。

傑魁斯認爲，企業家的冒險工作，是試試他所生產的東西有沒有人要，這是他必須忍受的不可靠性。如果他的冒險很大，與他的報酬成比例，他就不覺得過多。

從事企業工作的人該得的報酬很難數目化，因爲是企業家自己安排的工作，誰也不容易說出他眞正冒多少險，花費多少時間，但是至少在理論上可以預測到，一個人若想從事自己終生都無法知道結果的事業，他的工作負擔實在太大了，即使有無限的金錢報酬。

但，這是哪一種人呢？

首先，這種人一定不太渴望金錢，不企望金錢賦予無限的力量。如果不企望它有魔術般的力量，就能欣賞或享受它實際帶來的一切，不會看不起它所無法做到的一面。眞正的冒險家特別能忍受不可靠性，這種不可靠性，也就是所有創造性工作的基本要素。

若是如此，他就不會用金錢來安慰未知的焦慮，不會爲自己買保證，不會做那些炫耀虛榮的傻事，以支撐墜落的自尊。他若不以神經兮兮的方式去依靠金錢，就可以冷靜地把錢當做實現目標的工具。

亞里斯多德認爲，謀生合乎自然法則。自然獲取法是爲了獲得保證生命安全的各種需要。

人們追尋生命必需的東西，是符合自然法則的，而且自然允許一切生靈用最富成效的方法求生。因爲過好日子所需要的經濟獨立，錢數不是無限的，因此，運用某種獵財方法是一家之主或一城之主的自然義務。

還有另外一種，即亞里斯多德所謂的「純賺錢」，就是追求無限的財富。

亞里斯多德認爲，無限賺錢法是不自然的，因爲財富和錢財本身已變成目的。凡是積攢錢幣的人，都在無限制地增加他們的錢山，結果純粹是簡單地增加而已。有些人以爲應該無限囤積或增加錢財，他看不起利息，因爲那是「錢生錢」，在一切發財的辦法中，這是最違反自然的一種。

但是，亞里斯多德也強調動機的重要。爲了說明這一點，他敘述了哲學家薩里斯的故事。

薩里斯運用自己對宇宙的知識，冬天裏就預測出下一年橄欖會豐收。他籌了一小筆錢，付給米勒特斯和奇歐斯的油坊做準備金，取得租用的特權。他花的錢很少，因爲當時並沒有別人投標。等待一段時間以後，橄欖收穫期來臨了，油坊突然供不應求，因爲薩里斯事先已取得租借全部油坊的特權，便可以隨意租用。

亞里斯多德總結說，就這樣，連哲學家也可以致富。他建議說，發財最好的方法就是取得獨佔權。薩里斯沒有受到責備，因爲發財「不是他生命的目標」。

薩里斯的賺錢法和其他賺錢人的方式沒有差別，但是他的動機不同，動機給行動立下了判斷的準則。同樣的，克爾克加德筆下的「無限騎士」身上一文不值，他會說：「是的，如果需要錢，我敢說我會拿的。」

動機最重要，這一點很合乎現代心理學思想。一個人會被財產壓垮、腐化、毀滅，甚至逼瘋，一個人也可以因財富而得到新生，這大體要根據他求財的動機來判斷。

10. 不要恐懼金錢的成功

在資本主義社會裏，金錢是權力的象徵，是操縱權力的工具，於是，某些人逃避金錢的成功。這類人就屬於恐懼金錢成功的人。

恐懼金錢成功的人，並非是可愛的人物，其實他渴望把頭放在砧板上。大家往往試著阻止他，但是很遺憾，他不肯聽大家的勸告。

這種人往往具有真能力，他會再爬起來，他永遠在捲土重來。跌倒不會毀了他，他的「墜落」局面正是「重升」局面的必備基礎。

華特．拉里爵士就有不少這類人的特質。在一陣「墜落」局面中，曾被關在倫敦塔長達十三年之久，最後他仍然無畏無懼。

到了六十四歲，他對於找到圭亞那黃金（傳說中的寶城）還是非常肯定。他的信心有什麼根據呢？

二十年前的第一次遠征失敗了。

第二次出發探險時，幾乎每一個人都放棄了希望，但是拉里堅信他會成功，他把自己和妻子的財產全部賣掉，籌到一萬多英鎊，然後出發了。

他記得二十年前看到了一座克里斯多山，像高聳的教堂尖塔，上面有一條大河。他確定，河對岸有一個高寒、未受侵犯的城市，有金鷹、金狗和寶石的牆壁與屋頂。

在一百年搜索中，其他的遠征者都失敗了，但是拉里在獄中已把寶藏的一切刻畫在腦海裏，險峻的隘口、歐里諾克河的道路，他看得清清楚楚。這是他找到財富的機會。

這完全是金錢的狂熱把他趕入幻想的境地。光說是過分自信或過分樂觀還不足以解釋其中的奧妙。在這種冒險中，違反自然規律法則，卻帶著成功的保證。拉里在這次遠征中，失去了所有的錢以及他的健康和兒子的性命。更糟糕的是，回到英國以後，還失掉了自己的頭顱。

恐懼金錢成功的人，生活得其實很不舒服，這和缺乏某些享受是不同的。他們彷彿在害怕有員警來查收他的財產，趕他搬家，還有無盡的等待，等電話鈴聲（如果電話沒有剪斷的話），等某一件事發生。看到不那麼能幹、不那麼有價值的人卻得到了報酬，而且發達下去，自己覺得實在很辛酸。

此外，他們還不得不考慮公車的票價；電影則根本看不起了；請客是不可能的；不管你去哪裡，人家總叫你等待，待在附近，去這兒去那兒，塡這個表，試試那個地址，

等待回去。

每一個際遇中，苦楚的環境總和他作對。面對明顯的輸家，大家的態度都變了，他們敷衍他，把他呼來喚去，毫不掩飾自己的優越感。朋友們對他說教，你該這樣、該那樣、好好幹、堅持你的想法。

他生活在別人勝利的世界裏，被鎖入討厭的比較系統中。別人擁有的比他多，而且情況很明顯。事實上，也就是比他有錢。他活在把更多所需看成生活目標的社會裏，拿不到更多的錢，就使他卑賤、使他一文不名、使他變成微不足道的人。惟有循著生命意義——也就是勝利的默許，才能瞭解失敗的特殊痛苦和屈辱。

落後那麼遠，不再是比賽選手，就會被剔出去。忽略、看不起、壓倒在地上。他雖比下有餘，但並不能給他什麼安慰。卡庫達的苦瑞莎姆發現，最窮的英國人也比一般印度人富有，但這一點卻不能使英國人不叫窮。

大家的貧困感與當時當地有關。入不敷出的人都有這樣體驗，他們一年用二萬美元，還過得很苦。這不是一種姿態，事實的確如此。在他們所處的環境中，他們賺的錢不夠支付新的需要。

如果你的胃口和億萬富翁的財產相當的話，連百萬富翁都會是一個窮人。

恐懼金錢成功的人最大的痛苦，就是看見同一圈子的人比自己更富裕。應付這種痛苦有幾個基本方法。其一是自欺欺人的方法，假裝自己擁有的和別人一樣多。他終生使用威脅、吹牛、裝腔作勢等騙術，以欺騙來支持自己的地位，以維護外表的幻想。

到更不成功的人群中去謀生，是治療失敗之苦的另一帖止痛藥，這樣一來，他就不會一直想起自己的挫敗了。

有一段時間，英國上層社會的落魄子孫都跑到殖民地，對土著作威作福。失敗的藝術家常常到鄉村建立小殖民地，那兒生活水平較低，他們在封閉落後的鄉民之間得到敬仰。當然，他還要忍受現實的艱辛和實際的匱乏，不過慘敗的痛苦已經緩和多了，大家都同樣失敗。

還有一種冷漠防衛術，也就是癟三的生活。過這種日子的人，會說自己什麼都不想要。這種人能偷懶就儘量偷懶，每天晚上把腳一翹，總是替自己的失敗找理由。

這種人變成一片浮木，漂來漂去，沒有能力控制自己的行動，他完全依賴別人的興致和決定，因此可以說是完全被動的僕人。手上沒錢的人不能爲自己做任何事情。他體會到金錢對起碼的自由是多麼重要。沒有了錢，他只好受制於眼前的需要，而且，情況會愈來愈嚴重。

只要貧困存在，他就會嘗到驚恐的滋味。大家都爲食物、住處而擔憂，家庭堡壘的團結也破壞了，彼此的指責愈來愈尖刻。總有人爲這種難以忍受的情況而挨罵，那個人顯然是輸家。

當家裏眞正缺錢時，父親的啤酒剝奪了孩子的食物。金錢爭吵是社會情況中最恐怖的人性表現之一。

其他各種秘密的恐懼之所以聚攏而來，完全歸咎於貧窮這個惡魔，他們都因爲缺錢而遭受迫害，使這種人的痛苦更加尖銳。他們的債務似乎永遠償還不清。在這種磨人、令人退化的缺錢壓力下，人格很快就墮落了，大家都退回到自我生存的叢林動物姿態中。

難道會有人追求這樣的情況？

心理分析家貝瑞爾·山德福描述過這樣一個仁兄的故事：他不去賺錢，他靠疾病救濟金和他哥哥給的錢過日子。他說他的病使他不能工作，但是他卻能替一個政治協會做免費的工作，奔跑演講、擔任榮譽出納等。

有一段時間他有麻痹性神經症的徵兆，不能單獨走出房子，但只要不拿酬勞，他就能做非常有用的工作。當主席在一篇籌款慶祝組織的報告中稱讚他時，輸家立刻有了成功的恐懼。

山德福注意到，從此，他的病人就開始不自覺地安排一切，以免他最後從該企業的成功中得到光榮。他告訴分析師，慶典一結束，他就向協會辭職了。

實際上，在童年的時候，這樣眼看要成功卻默默退開的現象就發生過。在學校裏，他曾經角逐運動會頭獎。他前幾項都大贏，只剩下最後的跳高。他跳過五尺，與另一個選手同分，雖然他以前曾輕易跳過更高的高度，此時卻倒在地上，不能動彈。

他不記得有什麼感覺，只記得他當時自忖道：

「我必須默默退開。」這一項他和一位對手不分勝負，但是前面的項目使他得到了頭獎。他不讓同學抬起他來慶功，卻爬到母親懷裏，他把頭埋在她身上，遮住自己的面孔，緊緊抓著她，閉著雙眼走回家。歡呼的同學似乎令他很不安。

這是失敗的需要造成討厭賺錢的例子。這位病人只有在失敗的形象中，才能找到安全感，凡是帶有成功意味的東西，都使他焦慮不安。

追求輸家生活的另一觸目例子，就是喬治．歐威爾在巴黎的破產。他曾在艾頓受教育，曾在印度帝國員警署服務，他落到赤貧的境地，不能完全用作家生活的艱苦期來解釋。看到他描寫慘敗巴黎和倫敦的文章，讀者會覺得他對卑屈地位幾乎有一種敏感的喜好。他發現：「在一定的限度內，你的錢愈少，煩惱確實就愈少。你有一百法郎的時候，很容易感受到最強烈的驚恐。你若只有三法郎就不同了，三法郎夠你吃到明天，你不能想更遠的事。你心煩，可是並不害怕。你模模糊糊想到我一兩天就會餓死，然後腦子就想其他問題去了，一片奶油麵包多多少少都能起到鎮定的作用。

「還有一種感覺也是貧窮的一大安慰。我相信每一個苦過的人都有這樣的經驗。知道自己終於徹底失敗，是一種輕鬆的感覺，幾乎有一點快樂。你常常談到一切都成泡影，如今就是慘敗了，可是你卻能忍受，於是你減少了很多焦慮。」

從這段話看出了恐懼成功者眞正想找到的，就是解除焦慮的東西。很奇怪，他卻在痛苦的貧窮境況中找到了。歐威爾曾在一本書中，描寫自己在倫敦流浪生活的經過。爲了籌一點錢，他決定賣幾件很好很乾淨的衣服，他要求換幾件舊衣，錢則隨店主的慷慨程度。對方除了給他一堆髒兮兮的破衣外，只有一先令。

「我正要爭辯，」歐威爾說，「但是我一張嘴，他好像就要伸手拿回那一先令，我看我是沒有辦法了。」

他接著描寫這幾件新換的衣服有多麼糟糕，卻又爲它們陳年的污垢而愜意。

恐懼成功者的世界和心情，很少被描寫得這麼準確、這麼形象。歐威爾沒有明說他怎麼會落入赤貧的情況，與杜夫妥也夫斯基一年四季都賭得一貧如洗實在很相似。

賭徒執迷於不輸錢的遊戲，正好表明了潛在「輸定」的動機，杜夫妥也夫斯基的太太在日記裏寫道：「我丈夫在俱樂部大輸一頓之後，才寫得出最好的作品，這是我的一大發現。」

佛洛依德下結論說，杜夫妥也夫斯基在賭桌上毀滅自己，這是很多神經性和強迫性賭徒都有的表現，他把罪惡感的擔子化爲欠債的包袱。

他推測，杜氏賭博是他自我懲罰本能的一面，他在西伯利亞度過多年屈辱、囚禁的政治犯生涯，沒有崩潰，也與這種本能有關。

懲罰的需要能使人度過別人受不了的情況。他們的心靈經常需要墜落和屈辱來「平衡賬目」。沒有了這種自我的責罰，未贖的罪惡感就變得無法忍受了。

需要這一類失敗儀式來解除的罪惡感，其本質是什麼呢？罪惡感當然有許多來源，但是佛洛依德認爲，有一種普遍的罪惡感是由戀母情結產生的。在杜夫妥也夫斯基的例子中，戀母情結特別尖銳。他父親被人謀殺，他對這個罪惡的偏執以及心理的負擔，曾在《卡拉馬助夫兄弟們》一書中寫得很清楚。

不過，恐懼成功的人在本能上也有另外的一面。佛洛依德在《悲哀與憂鬱》一文中

寫道：「憂鬱病人的自虐無疑是快樂的，意味著虐待狂傾向的滿足，兩者都和一個另外的目標有關，只是又轉回自己身上。病人迂迴地懲罰自己，最後往往對原來的目標達到報復的目的。」

換句話說，恐懼金錢成功的人不但以自我懲罰來解除罪惡，也暗暗懲罰身邊他不能公然打擊的親人。他對他們的怨恨由來已久，自己根本就不知道這是怎麼回事。於是，失敗就變成打擊親人的方法。這含有拖人下水的邪惡滿足心態。

恐懼金錢成功的人的另一個動機，可以由「山德福病例」看出來。他是眞的怕贏。他不敢擁有任何比別人好、比別人大、比別人強或有力的東西，因爲他覺得優於別人一定會引來嫉妒，因此他將自己放在「失敗」的階層，一文不值、微不足道，他認爲這樣就不會引起任何人的攻擊了。

「別叫人眼紅」就是揭示這樣的道理，意思是不要炫耀你的財富，你若這麼做，大家就會嫉妒，起貪心，想要奪走，還不如少說一點好。

恐懼金錢成功的人覺得成功太危險，他認爲成功有各種恐怖、刺激的意義。比別人大、比別人富有，就意味著攻擊了別人，實現了各種秘密的狂想，擊敗並毀滅了對手。他們常常想：我若這樣對他，他會怎麼對我呢？所以輸家寧可用撫綏自衛法，他撫綏的策略就是突出自己渺小、微不足道。

恐懼金錢成功的人，永遠把自己退到從屬的位置，順服於要靠自己支持的人，以安撫原始的對手。劍橋的伊弗·米爾斯教授報導過一個例子，有一位分行經理工作過多，公司爲他雇一位助手，他卻決定自己擔任較低的職務，把大權讓給新人。這種人認爲，優越感會招致下屬的報復。

11. 超過限度的金錢刺激要不得

賭徒和偶爾或定期賭博的人不同。在某些特定時刻，任何人都想贏一下，摒住氣息，只求命運恩賜這一次，這是普遍的渴望。馬票登記人、俱樂部主人和數字遊戲的過客都因此而發財。

只要有人贏大錢，人們就開始夢想自己也會如此，這是賭博的目標。眞正的報酬是狂想那百萬分之一的機會，誰也不存心要贏。

賭徒卻是另一回事，他眞正等著贏錢。他投下的不是象徵性的小錢，而是能毀掉他的大數目，他有自己的一套制度。

打個比方來說，賭輪盤的時候，他押紅的，失敗的時候再加倍。根據數學的機率法則，不管前面出現過多少次黑的，每次你押紅的，押中的機會仍占50%。但是賭徒認爲，如果黑色連續出現好幾次，那麼隨著輪子的連續轉動，下回出現紅色的機率就會相應增加。

儘管這是個不合理原則，但賭徒心中卻愈來愈堅信紅的該來了，就算這次不來，下次一定會出現，於是下次下注更加堅定。他確實看到了這一點。他相信自己內在的信念，並且因此而贏了，這使他更堅信會贏，雖然事實上比例永遠一樣——50：50。

那些靠運氣而自以爲通曉某些奧妙的賭徒，如果運氣一直證明他的預感和先見之明，他在心理上就產生「不會輸」的感覺。

只要曾經在賭場中嘗過一次甜頭的人，似乎很難徹底脫離這個圈子，事實上，因賭博而致身敗名裂的人很多。只要涉及的話就萬劫不復，遠離就能得救，這淺顯的道理連小學生都懂得，可是賭徒偏偏無法自拔。對賭徒而言，賭博就像吃了迷藥一樣容易上癮，一上癮就再也無法跳出火坑了。

無論是賽馬，還是麻將，任何賭博都有輸有贏，正因爲有贏，贏的心理不斷得到強化，爲了獲勝，就必須再賭下去。雖然再賭不一定會「輸」，但也並非絕對會贏。賭博也就在如此輸贏的情況下不停地持續下去，這就是賭博的魔力所在。

對於身陷賭局無法自拔的人，專家建議。不妨一次讓其多看看輸到底的例子，讓他知曉對自已並無好處，就不難戒賭了。

事實上，他只是運氣好，但是他的運氣碰巧合乎他自感幸運的內在信心，使他很容易相信自己的運氣是特殊的神靈專門賜給他這個天之驕子的。他相信自己註定要贏，他的勝利具有命中註定的意義。

賭徒不只是接受紙牌的預言而已，他也想向不溫厚的命運強討勝利。當他的運氣不出現時，他會愈戰愈勇，而且加倍下注，一直提高賭金。在他大膽或絕望的嘗試中，他也許會一舉贏回所有的損失。

偉大的尼克拉．丹德洛斯，可能是世上最大的賭徒，他把自己當做藝術家，他不雕石頭或大理石，卻雕鑄金錢。一九二八年到一九四九年間，他一共輸贏過五千萬美元，最終的命運和很多藝術家的下場一樣，潦倒而死。

本性難移的賭徒曾有一種說法，如果賭博贏錢是世上最大的刺激，那麼賭輸就是第二大的。根據一九五一年的一份調查報告可知，美國人爲這第二大的刺激，每年要付出二百億美元。

勞特．巴哈提出一個理論：「每當合理的活動似乎沒有什麼希望時，賭博就盛行了。維護自己的『運氣』，保留自己的自尊，這種行動在賭徒贏錢的時候更加有力，輸錢的時候卻又抗拒不了。」

另一方面，社會學家奧圖・紐曼對賭博者進行調查發現，很多入迷的賭徒不知不覺地想要輸。他發現某一種地方會吸引某一群特性相同的客人。比如，有一家冷門店中，總聚集失意者、妓女、遊民和小罪犯。他們的賭博從來沒有一定的格式，只是根據傳聞或預感來賭。賭博在這兒都是情緒化的、混亂的，而且很不成功。

紐曼發現，其他賭博店也有基礎不同的各種顧客，他們支援熱門馬，或是研究勝算轉變的方式，他們通常比較成功。

此外，這項調查還指出，不顧一切證據、堅信自己的運氣，相信預感、秘密啓示、擺針會選出贏家的人，事實上就是陷在失敗格局的典型。最具戲劇化的就是波蘭美女、電影紅星兼達利・然努克的情婦貝拉達維的事例。她賭得如醉如癡，一切都輸光的時候，她會脫下戒指和珠寶，丟在賭桌上當賭注。她在法國欠了俱樂部一大筆賭債，法國政府只好扣押她的護照。達利及時替她還債，解除了她的困境。但是，最後誰也不願再替她償還那愈來愈多的賭債，於是她在無奈之下自殺了。

賭博的狂熱並不完全是因爲很想贏錢。有一位財產達億萬的藝術收藏家回憶說：「有一段時間我很不快樂，第一次婚姻又破裂了，我就開始很不負責任地開銷、賭博、輸錢，揮霍無度。」

毫無疑問，這是他當時心境的眞實寫照，他的意圖很明顯，就是把錢敗光。賭博惟一的刺激，就是押下自己付不出的賭注；惟一的樂趣就是超過限度。

不管是百萬富翁放縱狂賭，還是小職員把一周的薪水押在跑馬道上，基本的驅動力就是想輸光。

好萊塢《凱恩市民》一片的劇作家荷曼·門基維芝，就是這種賭徒的典型。他曾解釋說：「我若輸二千元，寫一張支票就行了，賭博就沒有什麼意思了。如果知道銀行裏一文錢也沒有，卻開出十五萬美金的支票，那才叫刺激。」

他太好賭，太好借錢，以致於在發薪的那一天，派拉蒙公司的同事和他一起排隊，才能收回他這周的欠款。有一次，路易·梅葉傑想解除門基維芝的財務困難，給他三萬元的薪水，但要他發誓絕不賭博，門基維芝鄭重發誓。

第二天，梅葉傑發現他在賭撲克，正要把賭注升到一萬元。門基維芝立刻被踢出米高梅公司，而且永遠不准回去。

在這種行爲中，繼續輸下去的「反復驅動力」非常明顯，因爲賭運氣的遊戲只是這種模式的有形裝置。

這些故事表明，失敗者之所以失敗，不只是不善理財，畢竟誰都可以獲得專人的勸告，至少也能明白買房子的好處，而是對金錢威脅的懷疑和仇恨態度，造成了不可避免的財力損失。

12. 金錢在富翁手裏有什麼用途

對於已經發財的人來說，他們能用金錢買到什麼？或者說，金錢在富翁手裏會有什麼用途呢？

一九七一年，一位名叫亨利・沙巴特的伊朗人，花了約四十二萬美金，買了一張搖搖欲墜、屬於路易十六時代的餐桌，成為世界上最貴一件傢俱的主人，也創造了世上最無用傢俱的記錄。

喬治・凡德華爾，二十六歲就發了財，一九七一年，在北卡羅萊那州「阿許村」附近建了一棟法國文藝復興式的別墅，花了七百萬美元。裏面有二百五十個房間，設計和佈置都仿「楓丹白露」和「凡爾賽宮」的氣派。

美國富翁通常愛把過去歐洲的光彩運過大西洋，使他們在加州或德州的房舍內增添一點進口的高級氣氛。

保羅・蓋蒂特別吝嗇，即使朋友打電話他都收費。有一次，他在修女慈善會上只捐了十美金，但卻肯花四百萬美金買下提香的《阿塔昂之死》，結果卻不准運出英國。

一幅維拉斯魁茲的《揚戴巴里亞》則賣了五一四．四萬美元。花七千一百二十五美元，可以買到一九二九年的大瓶（相當於普通的六瓶）「矛頓．羅斯契爾山莊」名酒，平均一杯要一百七十美元。三十二萬美元可以買到梵谷的花瓶靜物圖。

若能拿到銀行家的保證卡，證明自己有二百五十萬美元，世界第三大未雕寶石「西拉莉歐尼之星」（九百七十克拉）被拍賣的時候，你就可以參加投標了。

大約花二十五萬美金，你可以買到亨利．摩爾的銅像，二．三萬美元可以買一幅羅勃．亞當設計的摩飛爾地毯，二萬到二．五萬美元可以買到中國唐代的瓷馬。花將近十萬元，你可以住進「法蘭西號」最好的頭等艙環遊世界。

這些都是富翁們常玩的遊戲。

二十世紀三〇年代，一切都比較便宜，你只要花二．五萬美金，就可以進入美國政府的高層。這是喬．甘迺迪捐給羅斯福競選基金的數目，他還借五萬美元給民主黨，又在朋友間募得十萬元。

羅斯福當選後，沒有立刻在行政體系中替他安插一個職位，他很不高興。後來他確實得到美國駐英大使的工作。你若加倍付錢，就可以得到肯定的結果。糖業大王亨利．弗梅爾向美國工業委員會聲明，他習慣捐款給兩大黨派，這樣才能確定自己的利益得到保證。

大富翁和別人完全一樣，只不過他們的玩具大些罷了。馬庫斯・雷內爵士對一個手錶發生了興趣。據說那是世界上最貴的手錶。事後他說：「並非因爲它是世上最昂貴的手錶，而是他們的說法若沒錯，這好像是世上最準的手錶……。當然，誰也不需要準到那種程度。我感興趣，其實是爲了它的完美……」

他用錢的態度是，如果他雇用一百個人來照顧他私人的需要——照顧他穿衣、洗澡、吃飯，那是不可原諒的奢侈浪費，因爲會浪費金錢。

「但是，」他說，「我若出門花二萬英鎊買一幅畫，我只是改變一筆錢的位置罷了，不會浪費任何人的資源。」

花錢追求完美是富人傳統的運動。

富人的生活成爲一件藝術品，他們用金錢做畫筆。他們到哪裡避暑或避寒、如何重新佈置房子、正餐吃的東西、身上穿的衣服、宴會上交往的賓客、他們嫁娶或共眠的人、他們的名犬、小孩和門徒等等，這些都是他們構思傑作所用的材料。史考特・費茲傑羅曾提及「富人和其他的人不同」，其意思並不只是說他們有錢而已。

有錢有名的人不必解釋他的身分，因爲大家都認識他。喬治・沙克爾說他特別容易健忘，不但容易忘掉別人的姓名，有時連自己的名字都想不起來。「很高興的是，」他說，「大家都認識我，他們總會告訴我是誰。」

名人可以免掉人生中煩人的、塡表式的一面。不必每次都正式劃分他是誰，對方是誰，誰該聽誰的。既然他的身分已經建立了，就不會有弄錯、發窘的危險，比如不會有人不知道他的眞正地位之類等。

還有，爲了平撫對陌生境況的恐懼，大家對一個家喻戶曉的人物總會更溫暖、更信任，他至少不是完全陌生的。反過來說，這種情況也使他很舒服，因爲認識的微笑會傳達表面的溫情，他可以得到被人愛、受歡迎的舒服感覺。此外，認識你或自以爲認識你的人會給你比較好的服務，因爲他們已根據想像，和你產生了一種關係。

幾乎沒有人會懷疑金錢的作用。但金錢的積極用法要靠相當的技巧。傑魁斯教授反駁愚人也會用錢的論調，他認爲，花錢需要最高的能力。他說：「福特基金會要聘請全美水準最高的人物把錢捐出去。」事實的確證明，愚人可能會掙錢，但是花錢需要聰明人。

金錢好比肥料，如不撒入田中，本身並無用處。

對於個人來說，花某一數量之外的錢也是一項事業，而且是比賺錢更難的事業，需要更高的能力和智慧。

既會花錢又會賺錢的人，是最幸福的人，因爲他享受兩種快樂。

傑魁斯劃出了用錢和揮霍的區別。誰都會把錢亂花出去，罪犯最習慣這一套。要讓錢得到眞正的效用可就難了。傑魁斯談到用錢的本質，他說：「一個人所擁有的錢，若遠遠超過他所花的錢，花錢就成了毫無意義的揮霍。」

對於彩票中獎的人而言，他們用二十萬鎊去幹什麼呢？他們怎麼用法？他們很可能揮霍一空，於是他去買一艘一百多萬鎊的遊艇，然後要幹什麼？他們發現買一艘遊艇，必須知道怎麼樣雇人。你必須學會雇船員。如果你這個雇主能力不及船員，你就會上當。這就是那些發橫財的人常有的遭遇，他們不會控制錢，他們不知道怎麼辦，所以會受騙。

花錢能力高的人，讓金錢有不少積極的用處，其中以支持文化活動爲最有價值的一種外在表現。佛羅倫斯的梅迪奇世家等大贊助人充實了整個世界。三位維也納貴族供給貝多芬固定收入功不可沒，因爲音樂所賺的錢，根本不夠維持大師的生活。

把錢用來交際，用來創造藝術、政治或社交的圈子，由特殊的社會交往培養出特殊的意念，這是男女名人比較有用的任務之一。有幾個例子顯示，這樣把錢花在宴會上實在是靈感的傑作。

錢還可以使有錢人免於對金錢的再追逐。美國的富豪總統富蘭克林・羅斯福實行美國新政，使純富翁們說他是共產黨，是共和黨的叛徒。

相信任何人都有成爲大富翁的憧憬，那麼如果美夢成眞。成爲家財萬貫的大富翁時，是否就能無憂無慮呢？這的確是值得探討的問題。假設任何人突然獲得一筆意外之財，屆時生活水準驟然提高，反而會覺得終日提心吊膽，不知如何支配這筆鉅款，終日困坐愁城。調查發現，暴發户都是因爲一夜致富而心中不安，不知如何處置，有的終日沉迷賭博，不能自拔，直到財產消失殆盡時，才悔不當初。稍微聰明的人，或許會把意外之財花在有用的地方。

每個人都有自己的想法與看法，這種自我認知的觀念，是由過去的生活體驗不斷累積而成，然而一旦獲得一筆鉅款時，就很難調整自己以往的觀念，從而不能冷靜地處理突發的事實。談得淺顯些。某人平日居陋巷、穿舊衣、吃粗食，有一天突然中了一千萬的大獎，在以前，他根本無法想像錦衣玉食的豪華生活。因此，這筆意外之財與他原有的思想無法調和，便在內心產生衝突，破壞原有的生活步調。

理財專家建議，對於意外之財，最好先參加定期存款，暫時不要碰它。等過了一段時間以後，自己習慣了金錢增多的改變，不安感也消失了，再冷靜地思索用錢之道。

同樣，約翰．甘迺迪擔任參議員的時候，也完全不考慮個人的金錢，一再投票違反自己的利益，石油及瓦斯議案就是一個例子。

有幾位這種類型的富人用金錢行爲來造福人類，但是例子不多，因爲財富和用錢的能力實在很難湊合在一起。

今天，被視爲最典型的金錢用法，就是把金錢當做成功的氣壓計。錢包的大小決定了獵財者的階級。

「才智超群」也許是寶貴的優點，但比起神奇的金錢來就暗淡了許多。

正如莎士比亞所說，金錢是個好士兵，有了它就可以使人勇氣百倍，但是，金錢可以成爲人的奴隸，也可以成爲人的主人，如果金錢不是你的僕人，它便將成爲你的主人。因此，一個只會賺錢而不會花錢的人，與其說他擁有財富，倒不如說財富擁有他。

第三部分

金錢的實現

賺錢的使命就是要成功

PART 3

13. 賺錢使命乃財富之鑰

金錢在任何社會中都是非常重要的，儘管不少人都認爲金錢是萬惡之源。金錢成功者在創造個人財富的同時，也對他人和社會作出了重要貢獻。大體來說，財富意味著無盡的資源，供應個人渴望或需要的一切。

只有正視金錢的意義和價值，我們才能獲得成功，背叛金錢的人，金錢絕不會成爲他的僕人的。既然如此，金錢成功者的賺錢哲學都有哪些呢？或者說他們是如何實現金錢成功的呢？

在金錢成功者的心目中，金錢是一切愛的源泉。對他來說，錢就是掌聲、表白、贊許、命運寵愛的物質表現，他從金錢中得到的快樂，不亞於別人從戀愛、子女、上帝的愛、藝術、某一目標或職業熱情以及褒獎中所得到的感受。

阿佛烈・克虜伯，生於一八一二年，死於一八八七年。他曾經使克氏家族的財富向前踏進最大一步，他屬於高估金錢的典型。他結婚的時候，竟然在鋼鐵廠中間爲太太建了一個家。在這個家裏，他透過鑲玻璃的小孔，監視工人穿過工廠的大門，記下遲到的人員。不久以後，新娘的嫁妝就被油膩膩的煤渣和油煙弄得汙跡斑斑。但是，他正在賺大錢，那又算得了什麼呢？小屋側壁上的玻璃，被重重的蒸汽錘震碎了，使得「花園小屋」搖搖欲墜，但是對克虜伯來說，這些刺耳的雜訊卻是甜美的樂聲。

有一次，太太要求帶她去參加音樂會，他回答說：「很抱歉，絕對不可能！我必須看著煙囪繼續冒煙，時刻聽到風箱的聲音。對於我來說，那才是音樂，而且比全世界上任何一個著名樂團的演奏都要完美。」

金錢成功者的本質就是熱愛金錢，陷入金錢情網的人，把自己看成是商業冒險家、石油大王、棉花大公、帝國建造者，最差的也是一位盜賊王子。

加拿大籍的報界大公華佛·布魯克爵士曾表示：

「一個人若想做大商業家，就必須連胃腸裏都能感受到交易所帶來的滿足。那些交易一定要能震撼他的生命纖維，就像藝術家被畫面的構想震撼一樣。在現代世界裏，會賺錢的頭腦才是最高智慧的頭腦。爲什麼？因爲最多人追求的東西，會產生最尖銳的智慧競賽。」

描寫美妙金錢夢想的最好小說，乃是史考特·費茲傑羅的《大亨小傳》。它的主題是愛情與金錢的混亂。小地方來的窮少年蓋茲比，狂熱地愛上了黛西的聲音，因爲那聲音「充滿了錢味兒……就是它所帶來的無限魅力，它的叮噹，它的謳歌……她是高踞在白色宮殿裏的國王愛女，金色的少女……」。從一開始，愛情和金錢彷彿就可以互換。蓋茲比認爲，若他賺了大錢，就完全可以贏得黛西的愛慕。

爲此，夜晚躺在床上，最怪誕、最好笑的狂想常在他眼前出現。一個不可名狀的豪華世界在他腦中迴轉……，每天晚上他都增添了新的幻想內容，直到瞌睡蟲結束某些生動的畫面，他昏昏睡去爲止。

《閣樓》的創辦人兼攝影師鮑伯·鳩西歐尼，是一個把不可名狀的豪華夢幻世界變成現實的人。他白手起家，幾年之間就開創了價值七千五百萬美元的事業，而且驕傲地宣稱一切都屬於他自己，因爲他沒有銀行貸款，沒有後臺老闆，沒有股票。

他的雜誌在美國銷路超過二百萬份，是美國出版史上成長最快的出版物，而且這種盛況是在不到三年的時間裏創造的。創刊二十年的《花花公子》每出五本，鳩西歐尼的雜誌就銷了三本。

金錢成功者不認爲自己是頭腦死硬的賺錢商人，而是肩負賺錢使命的人。不管是開拓新的貿易領域、殖民新的疆土、供給世界越來越好吃的漢堡，或者是提供性疾病的治療服務，無論他從事哪種行業，都是註定要成功的。

鳩西歐尼不無驕傲地斷言：「世人買乳頭，商家就賣乳頭，這是某些商業者的態度，我可不是這樣。正因爲我的賺錢態度，所以我成功了，他們失敗了。」

下列的話正好表明他的信條：「我儘量領先市場，我儘量站在進步的一邊。我具有同行中別人所沒有的美學觀念。我沒有股東，我獨身一人。金錢對我只是成功的氣壓計。我是建築家、創造家，我是帝國開山祖師。我要繼續建造，建造，再建造。」

在日常生活中，我們都承認金錢並不是萬能的，但沒有金錢是萬萬不能的，因此，任何一個人都沒有必要因熱愛金錢而感到羞恥。所有金錢成功者都能以正確的態度對待金錢——熱愛金錢，把賺錢看成自己的使命。因爲，金錢是個喜怒無常的傢伙，雖然喜歡背叛，但是憎恨背叛者。

14. 自信可以加快賺錢的步伐

在汽車老闆多納·史托克眼中，他的李蘭公司和前英國汽車公司的合併是爲了國家的利益。他用手段排除了擋路的人，而且一直勇往直前。

英國汽車公司的首腦喬治·哈里曼爵士，就是這樣慢慢地陷入無法防守的境地，然後被「趕出去」的。在投降的那一刻，即將簽約放棄權力和地位的時候，被挫敗的汽車業頭領生病了，被送到了倫敦診所。

伯尼·康費爾曾在瑞士坐過牢，他在服刑的時候，寫信告訴他的推銷人員：「不要自以爲是推銷員或商業代表，而要自視爲傳教士、博愛主義者或政治家。」

在美國的大商業傳統中，曾有不少強人爲傑出的銷售數字而狂歡、哭泣。公司的團歌使總經理感動得爲公司賣命，就像軍人甘願殉國一樣。高談闊論、盛大的開幕典禮、地位的象徵、漂亮的秘書、嚴肅的哈佛助手，這一切都是用來鞏固和激發人們自信心的手段。

「推銷員變成了獵人，」有一份ＩＳＯ的報告談到最後階段的銷售競爭時，說，

「一千一百十六位獵人圍攻最後的林區，獵財史上從來沒有這樣轟轟烈烈的叢林哨音。」

金錢成功者假如沒有自我理想化的技巧，幾乎沒有幾個成功者敢面對自己。無論做什麼，他必須使生意迷人、有價值，否則他怎麼會推銷除臭劑，而且每年在美國銷售業績達到五千萬美元呢？

大財富的渴求，最初起源於嬰兒對無窮外在資源的渴望。因此我們可以假設，金錢成功者是曾經認識這種資源、從此就一直幻想再得到這種資源的人。

記憶中的完美情況，屬於他過去支配一切的時光，那時，他曾經擁有供應一切的資源。豐滿的胸脯屬於他，而且充滿奶水，他簡直富到極點。

就在這個貪婪、佔有欲極強的任性小孩身上，未來富翁和獨佔家的特質都已有了先兆，往後的侵佔技巧也許會文雅些、進步些。

但是，在生命最初幾個月，這種個性卻非常粗野，想要擁有並控制無數的資源，並堅信自己有力量如此。他的力量就是利用靈巧的舌頭，把自己和母親胸脯的特殊關係美化成偉大的傳奇。喂得這麼飽、這麼受縱容。

由於曾經獲得如此完美的愛，使他成爲一個完美主義者，永遠渴望無窮的資源，又因爲世人不可能達到這一點，所以他通常在金錢中尋找滿足。這種人必須一直收穫豐富的報酬，才能有被愛的感覺。他要在世上尋找那份報酬，而且爲他的行動加上最完美的動機。

他尋求的不是有錢的狀況，而是富足的經驗，因此他勇往直前，他要使公司擴展成更大的單位，他要增加利潤，他要打開新的貿易領域。

他堅信自己肩負一項使命，無論是推廣一種南方炸雞也好，還是用刮鬍膏使世界成爲更芬芳的居所也好。他的摩天大樓改善了天空線條，他那空空的辦公樓區是他的紀念碑，就算面對他所積聚的一大堆過剩的財富，以及他所製造的無用物品，他認爲自己的財產仍然不算多，正如沒有人嫌愛多一樣。

金錢成功者是非常自信的，認爲他的要求都可以達到。他不僅在思想上如此，而且會把這種大信心和大權威用在行動中，用在日常關係中。於是，勝利渴望成爲他生活的常態。在人類歷史上，無數事例證明，優柔寡斷的人根本無法贏得眞正的成功，因爲他沒有信心下決定，一個沒有自信心的人，會有金錢流向他嗎？

不管是喜歡空想的發明家，還是拓荒的企業家，金錢成功者都確信自己可以得到巨大財富。

15. 熱忱是參與金錢遊戲的基礎

金錢成功者儘管極度渴望金錢，但他們否認金錢有刺激感官的力量，宣稱一切金錢活動都只是數字遊戲而已。

有些大公司負責招聘的人，曾經到美國的幾所大學和幾百位學生面談，令人驚訝的是，居然沒有人問起待遇的問題。

這些嚴肅的青年人有一個共同的特點，他們不允許錢的問題成爲選擇職業的先決條件，即使他們要進金融界，情形也毫無差異。

幾年前《財富》雜誌發現，金錢已不再是努力工作的最大驅動力了。今天的商界頭子，也就是總裁、副總裁、財務經理和各部門主管等高級職員，都紛紛發現了實驗心理學和很多聖人早已知道的一點：

金錢不是一切。

有一次，某企業研修負責人邀請外面的專家前來演講，但不知演講酬勞該訂多少，於是他問那些專家希望酬勞多少，可是他們都回答說：「隨便多少都沒關係，您自已斟酌吧！」後來這位負責人就自己訂了價碼。然而演講結束後，卻聽見專家們在外批評說：「那家公司請我去演講，才給那麼一點點錢，眞不懂行情。」這位負責人猶如啞巴吃黃蓮，有苦難言。

既然專家們事前已被詢問過希望待遇，事後實在不該責怪對方支付的酬勞太少（然而，實際上專家對酬勞總難以啓齒）。因爲每個人都怕在無意中傷害了自己。倘若自己說出的價錢比對方預想的還低，那就傷了自己的自尊心，等於自取其辱一樣。爲了怕有這種情形發生，即使是正當合理的報酬，也不好意思從自己口中說出，尤其在東方社會中，談報酬似乎是一件頗爲尷尬的事。

因此，理財專家建議。一方面可以雇請秘書。讓秘書站在第三者的立場，代替自已交涉財務問題；另一方面、如果在任何人際關係中，想大大方方接受應得的報酬時，不妨透過熟識的第二者轉達、再從第二者手中接過金錢，或由對方直接彙入銀行亦可。務必要擺脫人情的束縛，採取公事公辦的態度。此外，對於交情深的親友，接受禮物比接受金錢較爲容易。

《財富》雜誌概括說：「他們眞正需要的，一是成就的認可；二是職位的尊嚴；三是經營的自治權；四是酬勞假。」

在這份清單上，金錢根本不算什麼。令人不解的是，這個人需要全心全意地爲公司和股東賺錢，才能換來那份職位上的尊嚴或休假。

在金錢成功者的心目中，獲得財富是他們畢生的動力。但是，他們也認識到金錢污穢不堪的一面。他們猶如一個收洗禮錢的法國神父，鈔票從左手換到右手，彷彿沒事一般，只有財富的增長才讓他們興奮不已。

對很多人來說，公司是一個與自己分開的實體，即使實際上是他們構成了公司的全部，情形也不例外。公司是他們身外的某一樣東西，因此公司也就成爲一個有用的替身，能容納個人所不喜歡的感覺。

個人的金錢動機可以完全掩藏在公司這個替代品之下。一位英國大工業家的話可以證明這一點。雖然他靠自己的努力，組成了現在巨大的聯合企業（接收的企業價值超過九百萬鎊），而且對效率顯示出殘忍的忠心，他公開表示：「我並不很想積聚個人的財產，我並沒有打算這麼做（雖然已經辦到了）。我寧願自己寫出《聖馬修的熱情》，也不願成爲現在的自己，擁有我已獲得的一切，基於性格，我寧可大家不知道我的名字。」

他是一個特殊的人物，感染到賺錢的某一種道德狂熱。他的辦公室是他控制二十萬人的組織基地，他整理得有條不紊，桌面很乾淨。他的態度從容不迫，只有一個中年的秘書隨時聽候他的差遣，絕對沒有什麼「氣氛」，也根本看不見大的戲劇性表現。他說大部分都是例行公事，主要就是坐在辦公桌前看報告，他必須大量吸收情報，才能做出決策。

談到他自己和他的成就，往往謙虛到自貶身價的地步。在特殊機會出現的特殊情況下，人總不致於完全不利用其中的優勢吧。只有談到這個話題時，他才透露出一種金錢的熱忱：

「事業是活的機體，它可以永遠地繼續下去。任何人都知道事業會比個人壽命更長，它有自己的生命，它必須被看成分離的東西。事業不應該被當做某人性格的延伸，更不是自我的延伸。」

「商業活動的目標是迎合大家的需要、匱乏和願望。我的工作就是滿足那些需要、匱乏和願望，而且是以大於生產成本的價格供給顧客。從這一觀點來看，利潤正可以量度出我的活動有多少創造性。」

「創造財富，就是以高於服務成本的價格去滿足接受服務的人。」

從這些金錢成功者的身上，我們不難看到很重要的一點，那就是工作的熱忱。這是參與金錢遊戲的基礎，任何人缺少了工作的熱忱，身體裏就缺少了成功的活力。

16. 善用他人的資金發展自己

致富，就是借用別人資金的事，沒有什麼難的。

是的，金錢成功的確很簡單，通過借用別人的金錢，使自己的荷包鼓起來。亨利・凱撒、亨利・福特、華德・迪士尼、查姆・塞姆斯、康得拉・希爾頓、威廉・立格遜等一千人，都是靠借貸而致富的。

下面我們來看看雷克萊靠借款而成功的故事。

一九四七年，雷克萊從英國陸軍退役下來，回故鄉巴勒斯坦遊玩了一趟，接著攜妻子定居在美國。一開始，他給別人做工來糊口。不久他便聲稱，十年內他將賺到十億美元。

他的計畫是這樣的：首先通過短期貸款，把一個公司控制權取到手。接著用取得的公司資產，去換取另一家公司的控制權。

一般他都採用第一種手段。你應重視他的這兩種辦法。倘若機會恰當，成爲幾十個甚至上百、上千個公司的經理也不是什麼難事。

事實上，他的目標在十年並未能完成，再延長五年後他才達到目標。

那時，他在霍伍德證券交易所工作，後來他迷上了速度電版公司，即專門生產印刷用的鉛版和電版的公司。

那時公司的業務不是很可觀，廠房設備儘管都是一流的，但尚未有多少出色的業績。儘管也有股票，但價位始終不高。

雷克萊經過多次調查後，決心爭取它。但若想將股票控制到手，只有讓這家公司股票形成強烈賣勢，從而取得控制權。

他對速度電版公司的歷年所有資料進行了仔細地研究，得出其中的經濟形態規律：公司內部的經濟效益整體還不錯，外部因素肯定和近期鉛價上漲有關。也就是說，公司客觀條件很好，但負責人水平太低，遇到意外肯定會慌亂。如果動搖他們心理防線，加之從內部進攻，一定能成功的。

他利用在股票交易所認識的該廠股東——伍德，用很巧妙的方式，以二十萬美元的短期付款，從伍德手中取得了百萬元的股票。接著，他用到手的股票將小股東們的股票收到自己手中。當該公司股票炒熱時，他已擁有該公司53%的股權。因此，他理所當然地成了該公司的董事長，並改公司名爲「美國速度公司」

不久，他又將美國彩版公司收歸旗下。

在一年中，他從小職員一躍到大公司的董事長，的確讓人感到佩服。

他的主要策略，就是利用別人的資金擴大自己的企業。

初試成功後，他決定到紐約去開拓事業。他到紐約後，爲了提高知名度，在猶太商人間將他的「連環套經營法」公佈於眾。沒料到招來紐約工商界的反感和批評。由於過去曾有人用過此法，但沒有成功。

雷克萊和李斯特進行了一次深刻的長談，這讓他意識到公眾和報紙的不贊成，反而宣傳了他的知名度。於是在李斯特的介紹下，他成了ＭＭＧ公司的一員。他在該公司的發展，可以說是沒有任何挫折。當該公司主要負責人退休時，他趁機將該公司買了下來，放到美國速度公司之下。就這樣，他在紐約有了創業的基石。

不久，他通過向該公司的另一股東轉賣ＭＭＧ公司股票而控制了聯合公司。實際上也就是非直接地把兩家公司都收歸到他的旗下。

聯合公司的控制人之一格瑞是他下一個目標，因爲和格瑞有聯繫的是ＢＴＬ公司。雷克萊經過精確分析後，決定向ＢＴＬ公司投資，這樣就能夠將它的控股權弄到自己的企業中。

然而ＢＴＬ公司的規模是很大的，要想輕易地獲得它的控制權並非易事，於是他故技重演，讓人們感覺該公司勢力弱，再大量購買他人拋售的ＢＴＬ公司的股票，並且抵押上聯合公司的財產，把全部財力都投進了ＢＴＬ公司。最後，雷克萊控制了ＢＴＬ公司。

雷克萊自從控制了ＢＴＬ公司後，名氣大振。雷克萊的目標不在於ＢＴＬ公司，他又有新的經營之道。他把這些公司進行合併，即把ＢＴＬ公司、聯合公司和ＭＭＧ公司的各個銷售網進行合併，形成一個巨大的銷售系統。在這個連環套似的系統中，ＭＭＧ公司被雷克萊當作銷售主幹。這一系統的目的，主要是爲了把控制的渠道縮短，以助於管理。過去他通過ＢＴＬ公司和聯合公司來控制ＭＭＧ公司，現在，他通過控制ＭＭＧ公司而間接控制ＢＴＬ公司和聯合公司。

由上我們可以看到，雷克萊的「連環套經營之道」發生了重大變化，由以前的單線控制，改爲了現在的雙線或多線控制了。

雷克萊的遠大目標——大帝國式的集團企業已具雛形，所以他的野心更大了，他把視野由紐約擴展到了全國範圍，只要他認爲哪個企業有利可圖，他都會參與進去。一九六〇年，他的ＭＭＧ公司以二千八百萬美元買了奧克拉荷馬輪胎供應店的連鎖網。又過了不久，雷克萊又收購了經濟型汽車銷售網。

雷克萊儘管進行了多角式經營，並且也收購了兩個大規模的連鎖銷售系統，但這還不能讓他滿足，這與他的「十億美元企業」的理想還有差距。一九六一年，名爲拉納的商店由於在經營上出現了嚴重問題，其老闆打算讓出經營權。這可是不容錯過的好機遇，拉納商店可是美國最大一家成衣連鎖店。因此他親自洽談了這件事，最後雙方以六千萬美元的價格達成協議，拉納歸屬雷克萊。

雷克萊早已習慣「不使用現款」的策略，他的下屬企業像滾雪球似的越滾越大，其發展速度也加快了很多。短短幾年中，他又收購了處於紐約基層零售連鎖店主導地位的柯萊百貨店和頂好公司，還買下了生產各種建築材料的賈奈製造公司和世界聞名的電影公司——華納公司，還有國際乳膠公司、史昆勒蒸餾器公司。上述這些公司都由MMG公司控制。雷克萊的基地公司—美國速度公司—也飛速壯大。在很短的時間裏，他不斷收購了很多的公司，都由他自己來控制，其中很有影響的有：全美最大的成衣企業科恩公司和李茲運動衣公司。而到最後，當雷克萊把李斯特的葛蘭・艾登公司也收購爲己有時，雷克萊的企業已經達到了他的理想目標，他的總資本也已經超過了十億美元。

雷克萊憑藉獨有的方法擴大企業的規模，也經歷了嚴峻的考驗，即他在擴展合併來增大企業規模的道路上也很坎坷，不是一帆風順的。在吞併過程中，兩次大的危機差點衝垮他苦心經營的基業。

一九六三年，由於謠傳，市場受到很大衝擊，股票價格發生大幅度的變動，恰好那時還有一家頗具影響力的雜誌批評雷克萊的企業結構——倒金字塔式——有很大的問題，使敏感的投資者感到恐慌，他們就像驚弓之鳥，其中有一些人開始大量拋售雷克萊的股票，造成股票價格的大幅度下降，這大大影響了雷克萊集團企業的生意。幸虧雷克萊在商場上有很好的人緣，當他的股票價位大幅度下跌時，至少有兩家實力雄厚的大企業集團全力支持雷克萊，用鉅資收購買進雷克萊的二十萬股股票，總算沒有使雷克萊亂了陣腳，也穩住了股民的心。

然而禍不單行，又有新的危機持續地襲擊他，而且這危機都是他企業內部產生的。股票風波剛剛平息之後，雷克萊又有新的計畫。當時他急需一大筆現金，於是他打算先把拉納商店賣給葛蘭．艾登公司（當時雷克萊還沒有收購葛蘭．艾登公司）。但他的股東們都不同意這項措施，從而使這個提議失敗。這倒沒什麼，最多是不進行這項計畫，糟糕的是，不知道誰把這個消息透露出去了，使ＭＭＧ公司的生意受到衝擊，股票價位大跌，也影響了其連鎖企業——美國速度公司的股票價位。

這次雷克萊又陷入新的危機，因爲計畫夭折，使他沒有現金能夠動用，整個系統瀕

臨崩潰的邊緣。儘管雷克萊擁有龐大的企業系統，但卻沒有太多現款來償還債權人，他只有向債權人低頭，因爲他提款的所有渠道都被銀行巨頭們封鎖了。同時，雷克萊集團企業中的大股東們和分支機構的上層人物，都在頻頻地召開會議，商議雷克萊是不是有能力繼續充當集團企業的總裁。內部壓力很大，外面的情況也不是很樂觀，好多敏感的投資者對雷克萊的股票都表示不滿意，對他很失望，都爭著拋售雷克萊的股票。

然而雷克萊作爲億萬富翁的成功者，當然不會被一個困難輕易地擊倒。這點小困難只能鍛煉他，不會擊垮他，他很快擬定了一個整頓計畫，然後提交董事會審議。

雷克萊四處託人打通關係，說服了債權人並獲得其支持，擊敗了銀行家清理他財產的企圖。經過雷克萊苦心經營，公司度過危機。

借用他人資金是金錢成功的重要手段，然而你必需明白幾條原則：

第一、你個人要正直、誠實和守信，行動要合乎道德標準。

第二、你要按時把別人的借款和利息還清。

第三、你要時刻記著，借用他人資金成功是有一定週期的。

17.「孵化」財產可加快成功

金錢成功者對一大串二進位的數字有一種真正的熱情，他們喜歡看數字膨脹、加倍，喜歡金錢發生單性生殖，喜歡看到自己的金錢在一串純金融運作中繁衍。金錢的繁殖力在於它能產生利息，就是「錢能生錢」的事實，使人們覺得它特別對胃口，並且熱愛這種完美的自我繁殖力。

對於所有夢想金錢成功的人來說，儲蓄是成功的條件之一。

費迪南．倫伯格在《富翁與超級富翁》中寫道：「有些古老的波士頓家族，投資一億美金在免稅的政府公債上，利息3％，每年有三百萬利潤，但是他們並不把這筆錢當做收入，他們再把這三百萬拿去投資，靠其中的收益來生活。這樣，他們的本金每年不只增加三百萬元，永遠不怕用光，甚至不必動用。這些人的生活，就說一年用九萬元吧，比起他們的財富，這已算是相當節儉了。」

這類人基本上都是穩健的富翁，他們只允許自己擁有小遊艇，開保養得不錯的舊車，習慣穿第一流古舊而昂貴的衣服，所以看起來很平常。

他們對於金錢能帶來華麗的服飾不感興趣，不看重它影響問題的威力，也不看重購

買奢侈品的歡樂力量，更不看重它腐化別人的能力。

對於金錢的各種用途，他們沒有絲毫興趣，惟獨喜歡擁有它，也就是喜歡金錢的所有權。若從這一點來看，紙上的數字已經是一大滿足了。

在這種形式中，金錢具有抽象的美感和清白。在一系列的金融活動中，它在電腦內部悄悄地完成了它天然的任務，誰也不會看到可恥的行爲，只有增加的數字證明一切曾經發生過。

對於保守的敏感人士來說，這種枯燥情緒的起源說法特別難以接受，也許簡直令人驚訝。

「佛洛依德最驚人的發現，」俄內斯．鐘斯寫道，「而且引起最多不信任、厭惡和反對的，就是他發現某些成人性格特點，可以說是嬰兒肛門區興奮經驗的結果。對錢的態度便是最重要特徵之一。」

根據有關資料，佛洛依德和其他臨床心理分析家都在追尋其中的關聯，支持這個說法的證據愈來愈多。

一般談到儲蓄秘訣的書籍，都是提到顧客先存二十萬元，再談其他，這就如同一下子要購買數萬元以上的商品，會捨不得拿出手的。有「金錢之神」的邱永漢先生曾說：「二十萬元的數額彷彿一塊金磚，實在不忍打破，在這種心理下，只要先存了二十萬元，往後再增加存款就易如反掌了。」

然而，一般人總是尚未存到一定的數額，就提出來購買其他零星物品，心想：反正以後能存就行了。可是很遺憾的是，這些人以後往往無法履行諾言。如果能稍微克制自己的欲望，先存到二十萬元再說，你就會發現存一、二萬元實際上與零元無差。一旦你存了二十萬元，那種充實感就截然不同，屆時你即使想提款購買幾千元的物品，也會覺得可惜，從而打消提款的念頭。

對此，理財專家建議，當你想存錢百萬時，先以十萬爲存錢目標，並試著在尚未達到目標之前不提款，等目標達到了，再朝百萬努力，最後終能達到自己的理想。如果從一開始就把目標訂爲龐大的一百萬，或許短期內可激勵自己更努力存錢，可是後來就會覺得，無論多麼緊衣縮食，頂多只能剩餘幾千塊，而如此微簿的數字與百萬目標的差距實在太大了，久而久之便會失去存款的欲望，甚至覺得存一百萬對自己而言是永遠不可能辦到的事，因而放棄存款念頭。因此，欲存一百萬，不妨先把目標訂在十萬元。

這個理論是在一九〇八年首次提出的，十年後，俄內斯・鐘斯又發揮了一番，他指出：通便是生命早期兩大個人興趣之一，後期的傾向都受早期經驗的影響。這種嬰兒的興趣和快樂，是最先遭到壓抑的本能，心靈力量隨著那個區域有關的願望和感覺，幾乎完全被排斥到其他方面。

嬰兒的糞便是他最初的產物，如果形狀正常、次數不多的話，往往會受到母親的贊許，因此嬰兒很看重它。母親對這很高興，於是這成爲送給母親的禮物。而且，糞便的動作也使括約肌有快感，有些嬰兒就延長動作，加以儲存。

匈牙利心理分析家佛洛依德的朋友山鋒・費倫奇曾表示，這是最早的儲蓄。數量觀念由此產生。

小孩子會驕傲地說：「看，我拉了好多。」或者慚愧地說：「我拉得不多。」同時，因爲排便牽涉到肌肉的用力，又產生出可觸、可見的成果，使小孩有一種威力感，大人又都警告說不要碰它，因爲它很危險或很骯髒，於是效果更加強了。就這樣，小孩覺得自己的肛門能產出強大危險的東西，使大家害怕，同時卻又很受重視，便看成是一大秘密。

有一個小病人，一直幻想全世界都在他的肛門裏。小孩子普遍認爲嬰兒是從肛門鑽出來的。

排便也是嬰兒用來控制別人的工具之一，借著括約肌的排泄或保留，他可以讓父母等候至他下決定的時候。某些普遍的滑稽話詮釋了這一點，例如把廁所說成「寶座」等等。

心理分析家卡爾・亞伯拉罕指出，大便的西班牙文就是「治理肚子」。

我們可以意識到，這項自然功能，具有很多一般意識所不能接受的意義。費倫奇追溯嬰兒對糞便的執著到，成人對財物執著之間的一步步轉變，他解釋說：

「當小孩開始覺得糞便氣味很難聞的時候，興趣就發生了第一次的修正，這時他把興趣移到同樣濕、黏、髒卻不臭的代替品上，那就是泥土。但這個替代品也同樣受到頻頻的忠告，結果又被替換，換成比黏土、沙土等較受贊許的東西。最後，玩沙子也被認爲不清潔，因爲小孩一直想恢復原來的興趣，在沙裏挖洞，然後灌水進去。等不玩沙子了，就對石頭有了興趣。

「這時，兒童變成了搜集家，他在海灘上找到圓石，積成一大堆，裝滿口袋帶回家，並且把它視爲珍寶。德國的措辭『石頭財寶』，就指出了這種遊戲和日後資本家儲蓄的關係。積存石頭的好處是，石頭代表了一個不能顚倒的變形階段，它不能加水，不會弄得髒兮兮的。因此到此時爲止，從興趣轉變這方面來看，原始的意義已經完全被趕到潛意識層去了。興趣由石頭再轉向彈珠，它的好處是亮晶晶的，搜集起來會有很大的樂趣。接下來硬幣引起孩子的興趣，然後是郵票。

「至此，儲存糞便的興趣經歷了這麼多激烈的修正，孩子已變成良好的集郵家，深得父母贊許，不再搜集無價值的髒東西和廢物了，轉向金錢的過程已接近完成。實際上，郵票並沒有價值，只因爲別人也有搜集的狂熱，才變得非常值錢。在大家的共識下，一文不值的紙票變成搜集家非常珍愛的物品之一。郵票兼具有價值和無價值的兩種特性，把搜集狂的原始目標和最後昇華合併於一身，集郵便成爲轉移過程的倒數第二階段。」

下一步就是金錢。現在沒有價值的一面已經完全摒棄，意識中已換上絕對有價值的東西，只有在不太合理的情形下，比如某些拋棄金錢的情況，近似排泄廢物的例子才顯出它沒有價值。

「腸內物的快樂，」費倫奇認爲，「變成金錢象徵的享受，因爲原先的那只是無味。脫水的汙物。」

整個轉變過程的動力，是渴望擁有一件原始財產（糞便）的潛在意識，不過卻要經過淨化的東西。

到此爲止，我們完全可以推斷出爲什麼某一種人會覺得金錢無聊或可恥，不願意談它，儘量把它化成絕對抽象的數字。這些人是金錢搜集家。

卡爾・亞伯拉罕覺得：「對自己的郵票深感不足的集郵家，和一般人眼中的數字和金子，與喜歡金子的吝嗇鬼沒有多大的區別。」

我們也會想起一個爲某一家公司沒有併入自己公司系統而皺眉的公司總裁。各種金錢搜集法，不管是存在銀行，購買產業，或放入保險箱中，似乎都來自於「肛門」的起源，還有所謂「緊守」的趨向和完全荒誕的節省行徑也屬於此範疇。

亞伯拉罕有一個病人，他是一位富有的銀行家，他教導兒子們儘量保留糞便，到萬不得已時再排泄出來，以便從食物中汲取最大的營養。

洛克菲勒有一次和家人在一家飯館吃飯，最後侍者送來帳單，他發現帳單上有兩隻雞的價錢，而他堅信只吃了一隻，就叫侍者把盤子端回來，仔細計算雞骨頭，以確定端來的雞到底是幾隻。

金錢成功者具有「孵化」財產、看它繁殖成長的傾向。這也暗示了金錢的自然功能。使金錢長期閒置不動，是違反貨幣的本性的，貨幣是要經常流通的。

但是，儲蓄並不違反金錢的自然功能，而且也不會限制金錢擁有者的賺錢才能，與

此相反，這恰恰是金錢成功的條件之一，因爲儲蓄能防患於未然，能增加成功的機會。

18. 金錢成功者的三大特質

在佛洛依德所描寫的正統「肛門型」人身上，可以發現三大特性：有條理、節儉和固執。金錢成功者也具有這些特性。

首先，金錢成功者以條理清晰而著名。在公事上，他們最看不慣工作亂糟糟、缺乏效率的團隊成員，所以很樂意爲條理而犧牲一些東西。

人類工作愈接近絕對可測量的機械程度，這種人就愈高興。他們對效率的熱情，完全在生產線上實現，人類的行動化爲旋轉螺絲等幾個簡單、可控制的動作。

福特公司的員工抱怨道：「工作很煩人，令人沮喪、退化，只因爲薪水還不錯，我們才勉強忍耐。」

公司經理則說：「假如一切都化爲簡單、重複的動作，一次不到一分鐘，就可以訓練每一個人來做，錯誤的可能性就可減到最低程度。」

美國曾有人試圖將工作時間降到十五秒，使過程更簡單。

生產線對於有條有理的「肛門型人格」具有很大的誘惑力，這種人是董事會補充新

血的對象。

現代商業領袖不贊成未知、不可控制的因素，他們希望每一個偶發事件都能測量、預測。這當然是不完全準確的觀念。事實上，很多事情都能破壞時間表，使很多預測變得毫無意義。

不過，「肛門型」的人會告訴自己說，就因爲他的桌子整潔、報告最新、統計和圖表都詳細規劃出一切，所以萬事就順利了，至少他相信如此。這些人成爲效率狂，永遠在做算術，也就是把他們特殊的成本分析表用在每一個行動上，一切都變成成本效率性的問題。

當然，這種性格也有幾個明顯的優點。在很多行業裏，有條不紊是最重要的，如果我們經營銀行、保險公司和投資公司，就要「肛門型」的人來掌權，其他人絕對不適合這種枯燥的工作。

正如一位著名的工業巨頭所說：「高層管理者的工作無論多麼重要，總是例行公事，著迷於突然狂歡的人是做不出來的，必須由靜坐來思考事實和數字，並只憑這兩點來決斷策略。」

金錢成功者還具有我們社會認爲很有用的一個優點。俄內斯・鐘斯發現，這種人若有一分責任感，就會把一切行動賦予道德力量。他們也把這一點帶到賺錢事業上，所以它就變成一種肯定性的責任了。

大家都見過這種人，頻繁地在電視和報紙上談國家所面臨的處境，個人必須接受的稅款負擔，大家所面臨的經濟需要、惟一的選擇，否則就會遭致可怕的現實等等。這種人給人一種「事情應當如何」的感受，對社會有益。

在他對責任、事情慣例和原則的信念中，我們可以看出他小時候受過的道德教育。他會告訴你，世上有對有錯，他從小就學會了公正的行徑。

金錢成功者的第二個特質是固執，這種人在賺錢場上有各種各樣的表現，比如頑強、堅毅、穩固和保守，這些特性在某些固定的金融交易和機構中都有它們的用處。

老牌的保險公司管理著大筆的鈔票。一九六九年「精打細算公司」有二十億資產，投資的事業每星期又有二百萬的進賬。處理這些錢的人，自然要有堅毅的把持力，否則他就會把這一大筆錢拿去做冒險的投資，這對於靠穩定的利息過退休生活的人來說，可能是一大災難。因此，經營這些公司的人，應該向保險客戶談談他們的責任，他們的信託任務。

他們通常都儘量不從事工業上的大競爭，雖然他們往往是決定股權的投資人。他們完全根據資產負債表和股票的所得率，來決定他們的行爲和投資。他們保守而緩慢的行徑，平衡了神童和暴起型的人物。這種人的缺點是不願意做以前沒做過的事情。也可以這麼說，這些固執者不敢離開已定的格局。

金錢成功者的第三個特性是節儉。例如，保羅・蓋蒂在英國蘇頓城的家中設了一個電話費付款箱，便是一個例證。卡爾・亞伯拉罕曾治療過一個守財奴的病，他不肯扣上西裝鈕扣，怕扣眼磨舊，也許他還有別的動機。不願意出錢的心理，在一般不肯付賬的行爲中可以看出來，這種人一定要債主再三地催討，無論他們有多少錢，總是不願意放走一分一毫。

他們的節儉已經到了尖刻和吝嗇的地步，所以比「肛門性格」的其他特徵更明顯地源自神經系統。其他特徵則較易被我們的社會組織所接受，認爲合情合理。

亞伯拉罕指出，通常有丈夫非常反對妻子提出的某種消費要求，拒絕的原因是負擔不起，然後卻「自顧」付出比妻子要求更大的數目，於是一道曲折的合理化過程發生了，比如他說服自己現在這筆費用可以付，因爲最後反而會省錢等等。

有人買一大堆牙膏和肥皂，只因爲是大拍賣的價格。有人是「消費報導」狂，一年四季都在計算最划算的買法，他們心中有各種比價的表格，能立刻找出一個暗藏的價目，比你說出奸商的姓名還要快。

在某些人的心目中，生命問題可以立刻化爲數目。他們把一切歸納成數字，相信自己的行爲絕對明智合理，因爲他們不容自己受印象、行動、廣告或包裝所動搖，他們已經通過計算找到事實的核心。

無論某些金錢成功者的節儉行爲多麼讓人無法認可，但誰也無法否認節儉對金錢成功者的積極作用，因爲沒有節儉就沒有積累，沒有積累，就談不上金錢的成功。

19. 人脈是金錢的基礎

金錢成功者是現實主義者，他瞭解生命的基本統計數字，不會愚弄自己。他知道美國一種新事業的平均期望值是六年；二十世紀前四十年，新事業的失敗率是85%；在一個如此強力的追求成功的文化裏，他知道世上沒有所謂大眾的資本主義。

根據美國財政部的權威統計，一九六五年，百萬富翁的人數大約有九萬人。聯邦後援會和戶口調察局說，一九六二年，資產在五十萬元以上的家庭有二十萬戶。而一九五三年，美國的百萬富翁僅有二．七萬人，這表示二十年來，有十七萬左右的家庭登上了神秘的富翁榜，平均每年有千名左右。

這份統計比失敗率更令人們動心。如果有近千人辦得到，你也可以辦到。金錢不是公平分配的東西，你若想分配到多一點，你只有自己努力爭取。

每一個成功的人之所以成功，是因爲他有很好的人脈，有別人幫忙與肯定。可以這樣說，人脈就是錢脈，這就是金錢成功者的基礎。

現在我們看看道格．黑伍德的故事，他已成爲倫敦最時髦的男裝設計師，也是該城最好的餐館俱樂部股東。

道格・黑伍德來自工人家庭，父親是名汽鍋清理員。他二十出頭的時候，擔任一家裁縫店的管理人，突然想到：「你必須成功！」

就這樣，他決定自創事業，使自己成功。首先，他改變了自己的口音，一心一意模仿他在董事家中遇到的客人的舉止。他也學習談吐方式和該談的話題。於是，他的顧客和朋友越來越多。

黑伍德成功了，他的顧客多起來了。他替電影明星做衣服。他學會了與各種人交往。他很少叫客人到他店裏去，卻堅持要去拜訪客人，因爲他知道客人到裁縫店去量身很不自在，在他們自己家裏，交流一番之後，情況就會有所不同了，他們很可能一訂就是五、六件。

後來，他的生意非常興隆，他又開了一家餐館俱樂部，讓那些找他做衣服的名人去吃飯。然後又開了一家理髮店，理髮的還是那些人。

黑伍德成功的哲學，在於他體會到：「非常好的衣服和馬馬虎虎過得去的衣服，並沒有太大的差別，重要的是隨時交往別人才是最重要的。其他裁縫也許很偉大，也許比我做衣服好，但是他沒有那麼多機會。我發現了空隙，而且知道如何取得成功。」

一旦你進入情境，就是「在恰當的時間說該說的話，在恰當的時間出現在適當地點」的問題了。

現在黑伍德賺錢速度很快，他的生意利潤已變成其他企業性的投資。他說：「只要你熱誠、活躍、一絲不苟，你的生意就可以維持……」

道格．黑伍德以鋪設人脈的本事起家，並知道該如何繼續成功。

顯然，金錢成功者都是非常瞭解現實的人，能夠理智地對待生存狀態，沒有因命運的不公而哭喊或仇恨。只有坦然地對待這些，你才能心平氣和地面對現實，並發揮自己的潛能，這是追求成功的人應該謹慎對待的一點。

20. 金錢成功者的機會素質

人類發展的歷史雖然很漫長，但每個人的生命歷程卻非常短暫。在你的征程中，機遇與成功密不可分，而且時機的把握完全由自己決定。

說句頗爲誇張的話，生命現實可以化爲機會主義的意識。只要抓住機會，成功是非常簡單的，否則，你沒有把握住萬分之一的機會，這個挑剔的傢伙就會從你的後門溜進來，而從你的窗戶溜走。

四百年前，瘟疫橫行愛森，大家都想儘快逃離這座城市，阿恩特卻冷靜地買下逃亡者的土地，他們當然得不到什麼好的價錢。但這樣得來的土地，至今仍掌握在克虜伯世家手中。

這種交易須具有極其出色的膽識。趁火打劫實在不值得效仿，但是我們也忍不住佩服這位瘋狂大買廢墟的人。他的理論是，若國家贏了，爆炸區會具有很大的重建價值；如果國家不贏，反正一切都要失去。

最成功的建築商並不是最會設計房子、造成我們生活格調深遠變化的人，而是那些

熟悉規定且能夠利用它們的人。

新英格蘭場所用的新建築中，容納人數超過地方計畫當局認可密度的一倍。分區規則所許可的建築與地坪之比是七：二，該地的比率卻達到七：一。開發商只是和其他許多人一樣，利用舊樓可擴大體積的條款。

這則條款的原意是古老建築空間多半浪費，例如寬樓梯、高天花板、大房間，頂上可以加百分之十的空間，重建卻使原有的密度增加了一倍。

這只是成功者用合法方式賺錢的許多例子之一。有一位建築師很擅長這一套，所以計畫當局說，他們要等他找出空隙，再去填塞漏洞。

要想靈活運用機會的手腕，就必須有尋找機會的興趣。有人喜歡那樣，也有人根本不喜歡。

喬治．西屋和尼古拉．德斯拉這兩位投資人所發生的故事，正好表明了性格上的差異。兩個人都有特殊的才華。當時惟一的電力就是愛迪生的直流電，用電力源頭送電只能輸送到很短的距離，德斯拉發明了他的多相交流電系統，可以輸送一千倍的電力，而且輸送距離可以很遠。

愛迪生看不出德斯拉的交流電有什麼優點，但是西屋卻看到了，他聽說這個發明，立刻跑去找德斯拉，花一百萬元買了下來，在一八八七年這已是很大的數目。此外，每產生一馬力電力，德拉斯還可以得到一元。德斯拉不是生意人，他把專利權賣掉，後來還同意放棄他的特權。

雖然一百萬元看起來還是很優厚的，但是他的傳記家約翰·奧尼爾計算說，放棄這份特權，德斯拉損失了一千二百萬元。今天德拉斯的名字也很少有人記得了，但是西屋卻在冰箱和其他電氣用品上永垂不朽，而其商業價值就是靠德斯拉發明的交流電系統建立的。

大家對西屋的作法欽佩有加，因爲靠別人的腦汁發財是很聰明的。聰明是我們大家自許可以做到的事情，天才卻不同，一般人都不會自以爲是天才。

這是成功者聚集財富的精華，他們所做的事，我們覺得只要有機會，我們也完全可以做。

一位美麗的加州女政論家所做的事，我們完全可以做。英國開始成立商業電視的時候，大家對它的前途都很悲觀。但是蘇珊娜·華納確信其前途不可限量，就去勸說一位戲院經理盧·葛萊德。其實她只告訴他，如果他能掙一百萬鎊，她可以籌二百萬鎊來推動這個計畫。

快樂的華納小姐當時只有二十多歲，她怎麼有辦法籌二百萬鎊給葛萊德?原來，華納小姐認識一位很受歡迎的醫生，他的顧客中有一位是華伯格商業銀行的大股東。

華納小姐是一個聰明人，她透過醫生的介紹，去找那位銀行家，她的計畫極有說服力，使銀行大股東相信英國的商業電視前途似錦。她又找了范巴內爾及李特勒王子，由此產生了最大的新電視公司——ＡＴＶ。最後，華納小姐抽出創始人的股份，她因此賺了一筆不小的財富。

中國有個古老的成語，名爲「朝三暮四」。敘述了一個人養了一群猴子。有一天他對猴子說；「因爲我最近不太寬裕，所以以後每天早上三個橡實，晚上四個橡實。」猴子聽了，個個勃然大怒。吵鬧不止。於是養猴人又說：「這樣好了，每天早上四個，晚上三個。」猴子們都高興了，拍手稱好。雖然總數沒變。但感覺上卻有些不同，這完全是講近利之故。

一般借錢時，無論是向朋友或銀行，總覺得自己是很卑微的。尤其是向銀行借錢時，總是徹底的調查身家。還需找人作保，令人大傷自尊。

理財專家建議，在借錢時，最好考慮是否划算再借不遲，切勿被金錢迷惑，從而和猴子一樣，犯下短視的錯誤。

一位很有能耐的經紀人大衛．福洛斯特，打電話給通用電氣公司總經理阿諾．韋恩史多克，建議他設立財團，申請一條商業線路。韋恩史多克幾乎沒做什麼思考就參加了。有了一位後臺老闆上場，大衛又去找其他的人。有人回絕了，但是這種人不會輕易受挫。

最後，他得到帝國煙草基金、巴底銀行團、珍珠保險、倫敦合作協會、馬利亞學院、牛津大學、出版商維登費爾和尼可生、紙張團體和波威特公司等團體和個人的支持。

就這樣，錢很快就積累起來，湊足了成立公司所需的六百五十萬鎊。後來ITA接受了財團的申請，變成倫敦週末電視公司。大衛並沒白忙活，他個人在公司的股份突然由名義上的七．五萬鎊升到四十萬鎊左右。

機會是不會上門來找人的，如果你沒有去尋找它，即使機會上門了，它也會從空隙中溜掉的，這就是金錢成功者的機會精華。只要抓住機會，人人都可以金錢成功的。

21. 賺錢的現代趨勢

在過去二十年的時間裏，各階層的人在市場裏叫賣貨品已經成爲一種規範。任何人都不能再輕視這一套了。大家都在叫賣，你不叫就沒人注意你，無論你要賣什麼、提出什麼，現在都必須展現出來，換句話說，大家多多少少都陷在「不擠就過不去」的境地了。

醫生、律師、作家、改革家、革命家、宗教領袖、道德家、先知、科學家、學者，必須在市場上和貨郎、掮客、廣告員、汽車推銷員、政客及一起推銷。不引人注意的人自然會受到冷漠，維持紳士的腔調毫無用處，再高貴的語調也沒有人聽得見。

我們可以瞭解這種現象的成因。大部分東西過剩，市場內充滿物品、汽車、唱片，大家不可能親自嘗試每一樣東西再決定要不要。然而可試的東西太多了，而且大家也沒有專門知識來選擇不同的汽車引擎、冷凍術、哲學概念或政治方法。

可選的愈多，就愈難下判斷。即使可以選擇，比如選擇衣服類型吧，選大家最歡迎的一型，或今年最流行、已有好評的一型，會容易很多的。所以大體上來講，年輕人會找最接近廣告中人見人愛型的少女、汽車、洗碗機。

眞有東西想供應出來的人，發現自己不得不在多樣選擇的現實情況上下功夫，就知道他至少要用一部分時間努力推廣，否則就只能表示無能或沈默。

二十世紀五〇年代，在諾門・梅勒發表《北非海岸》和《鹿園》的時候，幾乎沒有人注意到這兩本好小說。也許天生好鬥，也許沒有其他辦法，他便採取了大膽推銷自己的途徑，他以前也這麼做過。

「拯救你的作品，找更多讀者，」他寫道，「只有推銷自己，從海明威沒有寫成的『父親談小說家出頭辦法』中，偷取你最喜歡的一頁……」

梅勒記得，他給海明威寫信，希望他爲《鹿園》寫幾句好話，認爲他的話會帶來大突破，而不僅僅是小成功。

這封信毫無效果，因爲吃文字飯的他不肯用必要的技巧，不肯委屈自己，不能忍受被拒絕或被人迴避的情境，所以他弄得一團糟。十天後，他的書被退了回來，上面寫著「地址不詳——退回寄件人」。他的自尊心受到打擊。

「所以，那次推廣自己的所有努力宣告失敗，」

梅勒說，「那份告白永遠爲我壯膽，現在我常常想到它，我一定會把那段回憶當做無言的動力。」不過，之後他的大膽宣傳自己及作品的作法，讓他嘗到了成功的滋味。

現代社會的賺錢，很容易使人放棄一切喜好，不管程序或享受的形式，都爲賺錢而犧牲了。他自由行動的回應就是永遠沒有根底。他內在不太結實，因爲他不委身於任何一樣東西，所以他在哪裡都沒有立足的地方。結果他內在的情境只是一團交易的瘴氣，他的才略分割離散。

在某些時候，他竟像一個外籍雇傭兵，沒有祖國可以捍衛。

「任何無情的人，」心理分析家艾里克．布蘭門說，「都自以爲心裏面有一個無情的超凡自我，於是就聽它擺佈。」外在世界必須做的事，在心裏又重演一遍，自己就成爲犧牲品。

倫敦的查林十字醫院曾做過一項研究，斷定某些心臟病是病人工作和緊張狂熱，造成錯亂的結果，他們會一步一步地毀滅自己，而且堅持生活在這樣的環境中。

研究員下結論，冠狀動脈病人感受到大量的敵意和侵略性，雖然常常能壓下去，但對時間的壓力非常敏感。他們認爲這很正常，他們似乎分不出行動和過勞的差別。調查報告說，他們寧可繼續生病，甚至冒猝死的危險，也不肯暫時修改生活方式。

在個人屈服於鼠賽壓力和緊張情況下，我們可以相信他崩潰的原因，就是貪婪的自我擴大本性和超我的嚴格要求之間，產生了衝突難於分解，致使他心神分裂。他的處境和《王子復仇記》中克勞帝斯一樣，他總是發牢騷說他的思慮都留在了下界，口號卻飛上了天堂。

壓力病非常普遍，但並不是因爲生活的步伐已經加快，而是因爲我們活在疏遠自己的狀況中，行事的方法不能和我們的常規相吻合，像克勞帝斯那樣，希望得到「邪惡的大獎」，同時又希望得到原諒。

有很多變因可以爲逃開報應的人做解釋，但是整體的畫面、社會學的證據、歷史的剖視和心臟病的病例都指出，狂熱追求金錢和精神崩潰關係密切。

22. 金錢的灰色地帶

對於偷竊，如果有人問我們的看法，我們會說犯罪問題必須解決，小偷必須遏止，加重刑罰、心理治療、社會改革等等。無論我們喜歡哪一種辦法，原則上我們都是一致的。

偷竊是違反道德的行爲，是社會所不容許的。不過在電影院等公認非現實的地方，我們會縱容自己的道德標準，與影片中的盜賊產生共鳴，感受攔劫的刺激、逃脫的危險，爲搶劫的收穫而歡欣鼓舞。自然，若被劫的是我們的錢，我們的感受就會完全不一樣，若不是，我們便能欣賞那個故事了。

當然，這只是電影罷了，碰到虛構的情節，我們不必爲自己的感覺負責任。就是因爲這樣，我們讓故事影響我們，而不會過度責備自己。我們欣賞銀幕上好看的劫案故事，如此而已。果眞如此嗎？

事實證明，在電影院的黑暗中，我們不必把心中的偷竊行動局限在秘密生活裏。實際上，是我們把偷竊帶入日常的世界，讓它在可敬的外表下，使它的胃口逐步放縱。

想想這樣的景像：這個人到處出現，認識每一個人，他進入高級餐廳，領班的侍者對他鞠躬，店主熱情地擁抱他，門童恭敬地為他停好車子，酒保謙虛地徘徊左右，不知道他要喝什麼開胃酒。我們這位時髦的客人早已習慣了前呼後擁的氣派，他優雅地和其他貴賓打招呼，把衣冠楚楚的身子往後一靠，考慮要先點什麼。他告訴夥計，不妨來點牡蠣、法國蝸牛、地中海大龍蝦和魚子醬。他的樣子顯得小心而豪氣、溫和而熱心，任何人看到他，都會說他是世上有地位的人。他最後簽賬的肯定態度，再加上二成的小費，更使人覺得他是一個出手大方的豪客。誰也不會把他當做小偷，而他眞是小偷。他大方簽下的帳單，永遠也收不到錢。

一九七一年，倫敦一流的阿裏度沙俱樂部註銷了一萬英鎊的呆賬，類似情況也出現在其他的飯店裏。有些不付賬的顧客是眞的遭到了困難，但是很多是賴賬的人物。

我們那位文雅的客人也不支付裁縫費。如果裁縫師寫信給他，威脅採取法律行動，他就回信說西裝不合身，或說，在他光顧的裁縫師中，他做的衣服最糟糕，如果裁縫師眞正重視顧客，就該自己花錢賠這些蹩腳的衣服，不該魯莽要錢。

裁縫通常都不會告顧客，怕搞壞了名聲。飯店的欠款又太少，不值得告到法庭，根本不夠訴訟費的開銷，因此我們這位文雅的小賊就逃過去了。

餐廳老闆說：「當他到達店裏的時候，我對事務所和顧客之間發生的事一無所知。我依照禮貌相迎，我對欠錢的人要用另一副嘴臉嗎？我怎麼知道誰只是付得晚一點，誰健忘，誰出國剛回來，誰又是賴賬的賊子呢？我不知道，所以我必須用同樣的態度對待他們。」

根據這個處事標準，大家都不提欠賬的事，有些人就把一大疊帳單永遠不付了。如果受害人不註銷，騙子寧可宣佈破產，也不願付賬。

要瞭解他整個人格、一切交易，才知道他是不是盜賊，但很少有人能看到整個人的人格，因此，在大多數人眼中，這一類型人始終保持著可敬的面目，只有少數親友眞正知道他的卑劣行爲。

有人受騙好多年，不一定是對方採用很微妙的託辭，或者他很會隱藏自己的本性，甚至也不是別人好欺負，只是偷竊在曖昧的情況下，不使對方陷在扯破臉的窘境中，一切都當做制度的一部分。只要你的行爲有爭辯餘地，沒有人會把你當做盜賊。他們也許會這樣說你，但也只是口頭說說罷了。

金錢借貸中，即使是對等的人際關係，也會產生優位、劣位的關係。向人借錢的一方，總覺得自己是居於劣位，因而產生一股自卑感，對於貸方，即居於優位一方的言語行動非常敏感，即使對方是無心之言，也會覺得深深受到傷害。正如有句名言所說：「當你借錢給朋友時，你失去了金錢，同時也失去了朋友。」

這種優劣位的關係很容易體會到。處於劣位的人，在下意識中卻想扭轉這種地位，於是優方有什麼小過失，他都會加以誇張，進而貶低對方的人格來平衡自己的劣勢感。所以當借錢給別人時。尤其是自已親近的人，也就越難處理得好。

因此專家建議，在借錢給別人時，千萬不要有貶低他人之心。而且爲了避免友情破裂，最好能摒除私人情感，採取商業之間公事公辦的態度。

例如，電影事業中，戲院老闆「少報」票房的收入（因爲他們必須分幾成給影片發行人），雖然被認爲是「溫和的欺騙」，卻是無法避免的現象。

同樣，影片發行人習慣把用在別處甚至私人開銷上的錢，報在某一部賺錢的影片上，也被視爲理所當然。叫人「記ＸＸ的賬」是大多數公司每天都有的，例行欺騙也不必三思而行。

個人靠有錢公司免費旅行，並且隨意處置公物、吃喝玩樂，以優惠的條件購買公司產品如汽車、房子、彩色電視，或者把個人的需要當做完整服務的一部分，這一切都被認爲是有實力的重要大人物應有的權利，但這些也應該算是某種偷盜吧！

美國奈普委員會調查紐約員警貪污案時發現，僅次於黑手黨的最大賄款，來自「合法事業想在城市公告和規則中順利過關」。此項調查報告指出，個人送禮給員警，是希望員警給予特殊或較好的服務，放過小小的違法行爲。

每當某人想靠職位之便對別人有所幫助時，類似這些員警的情形就發生了，而且情況大同小異。留心一份好關係，不一定是賄賂，但是也接近，比如商店購貨員定期接受推銷代表的禮物，城市官員收到商人的「小意思」等等。

這種情形，很少是某人爲一件特殊的恩惠而直接收到的賄賂，它既沒有那麼赤裸，也沒有那麼明顯，只是在幫忙的僞裝下進行。當一個受到大方款待的人，接管某一家和他「公共關係」很不錯的公司事務時，他就盡可能幫幫忙。交易的本質埋藏在適當的婉轉措辭中。業務網包括幾十個甚至幾百個這樣的關係，其中一方欠另一方的人情債，必要的時候就有「義務」幫忙。

雖然沒有人精確討論過這個問題，但是某人收禮欠下人情債，以致於他最後不得不幫忙，他必須爲「朋友們」避開一些麻煩。請幾頓飯，耶誕節送幾瓶蘇格蘭威士忌，只要還還禮就行了。但是，他一開始就接受重禮，比如旅行費、顧問費、半價買東西，他便只能委身於他的施主了。

事實上，這種事情隨時都在發生著，從自動的「接觸服務」到比較專門關係的建立，樣樣都有，每次接受奉承的人，都不知道自己陷得有多深，也許直到他壓力臨頭，對方說：「看哪，你可不能眼看著我們完蛋吧！」他才知道自己放棄了自由，成爲別人的工具了。即使到這一刻，他好像還不容許自己停下來，想想就知道他做了什麼。

只能分開商業關係和私人友誼，考慮朋友的利益和買來的效忠，以及公益和權利之間的分別，才能找出眞理。大多數隱藏在這種情況下的人，根本不費心思去想。直到這種關係和安排在調查中出了毛病，才發現一切都是騙局，他們才感到萬分恐懼。

對此，倫敦《泰晤士報》的一位金融作家說：

「……所謂替公司股票促成有利的市場氣候，應該和不應該之間並沒有明顯的界限。在天平的一端，過程算是明顯的欺騙，但在另一端卻是合法的策略，這是大家公認的，也許對工業和經濟組織都有利。」

英國一位工業鉅子說：「生意可以在白色、黑色、灰色地帶進行。白色地帶絕對誠實，黑色地帶絕對不正當，灰色地帶可以合法，也可以不合法，可是有些生意都是在灰色地帶進行的。」

在這個不確定的灰色地帶，活躍著很多人。國立健康服務處的專家們，通常把昂貴的醫療設備和藥品用在他們的病人身上，當然他們會收一筆費用。他們很討厭被人叫做盜賊，因爲他們都是最受敬重的人物。餐廳的侍者總是循例把一些酒食帶回家去，這種偷竊事實上是列在預算裏的。

餐廳老闆說：「你永遠希望員工誠實。但是從另一方面，他們若貪污一點，你也不在乎，等他們貪污太多了，你才會插手。假如我每週末的利潤比例正確，他們可以邀請每一個人來。我要的是30%。如果他們能賺35%，花掉5%，或者放進私囊，那就算他們好運吧，我完全可以理解。他們愛吃什麼、喝什麼，悉聽尊便。但是數目必須正確。如果飲料本錢用了四百五十英鎊，那麼就該有一千英鎊現金或帳單，因爲在餐館的經營中，飲料的本錢是買價的45%。如果每週盤點的時候達不到這個數字，就表示員工貪污得太多了，經理就會下達命令：『先生，你需要換換空氣了。』」

因此，「偷竊」必須局限在有限的範圍內。經營好幾家飯店的人不可能一一監視，因此，無法避免的事情只好心照不宣。同樣的制度也適用於消費賬。某一種程度的開銷被認爲是工作上適宜的用費，惟有超過那個程度，才會有人查詢。

有一個最明顯的例子，美國國會批准喬治・華盛頓贏取獨立戰爭的費用時，雖然有些賬目非常模糊，他們還是不追究任何詳情。總數是八千二百八十四英鎊，當時革命軍的兵士月薪只有二十五便士左右，少將則不到六・四英鎊，可見華盛頓並沒有虧待自己。有一天，華盛頓記上三百三十英鎊，約等於五十個少將的月薪。他用整齊的字體寫道：「現金付馬具店，買一個信箱、地圖、眼鏡等等。」

在賬目上「等等」是最有用的符號，華盛頓很會用這兩個字，其他「雜貨」、「勘察」和「秘密服務」的目標下也有同樣的字眼，有些則只寫「付給李先生」和「付給梵先生」，沒有進一步的說明。

據內部人士透露，這些錢是購買馬德拉白葡萄酒用的。國會當然問也不問。

下面這些生意手腕都是犯罪的，但不時被使用。例如，蓄意用兩種會計，對稅務調查員和投資人各有一套說法；廣告不實；分量減少，用包裝來讓人以爲他們買到的比實際的多；在合約中亂用措辭，實際上以後才能實現；產品的標籤或描寫不正確；定價不實；空氣污染；過度掠奪天然資源；製造不安全的商品，製造侵略。虐待和壓迫的武器；把工人安置在有害健康的場所下等。

這些情況確實有人提出過控告，也宣判當事人有罪，懲處罰金，但是，這種可恨的灰色地帶還有存在，這不是件好事。

第四部分

金錢的真諦

金錢是維繫社會平衡的籌碼和槓桿

PART 4

23. 施展男性魅力的方法之一

有一種女孩，別人都說她一定會嫁富人，她就眞的嫁了。對此，她解釋道：「我並不是爲錢而嫁他，只是碰巧他很有錢而已。」

從某一種意義來看，她說的也是眞話，她心中的金錢動機已和情感動機交織在一起，在腦海中根本分不出來了。她只愛有錢人，就像其他女人只愛頭腦好的人，或者年長的人，或者高高壯壯的英俊男士一樣，這件事的深度遠遠超過謀利的打算。

莎莎嘉寶說，她惟一爲錢而嫁的男人就是康拉．希爾頓。然而事實證明，她生命中許多有錢男子絕不是偶然的巧遇。

這並不是說莎莎嘉寶是淘金狂，其實她和許多別的女人沒什麼差別，似乎見了錢就興奮，錢簡直就像是挑逗她性欲的媚藥。

最風流的神明天帝宙斯，把自己化爲天鵝來征服莉達，化爲公牛來強擄歐羅芭，化爲一陣金雨來引誘丹奈伊，這些都說明宙斯是很瞭解自己男性角色的。

用現代的觀點來看，最後一次的風流手法是最聰明的。因爲不論是口袋裏錢幣的叮噹聲，還是從一大疊鈔票中抽出幾張多給侍者小費，或用飛機載她去阿姆斯特丹，舞弄金錢總被公認是調情儀式的一部分。

亮出鈔票是男人施展男性魅力的方法之一。

戀愛中的女孩子希望對方爲自己花錢，一頓昂貴的晚餐，當然比一個牛肉餅更具有情感上的價值。這也許把女人看得太低俗了些，但是若不如此，所有的海誓山盟都會消失。

調查顯示，婚後的人們就不太有興趣到昂貴的地方。一個上流豪華餐廳的老闆說：「90％的客人都是爲生意而請客或帶情人外出。」

爲女友花錢的特殊愛情效果，可以由相反的情況得到證明，小氣會驅逐性感。爲帳單討價還價、斤斤計較的人，幸福正走向悲哀。

女孩子爲什麼喜歡人家爲她花錢？她不見得是貪財，因爲昂貴的晚餐不會增加她銀行的存款，他給侍者或門童的小費對她也沒有絲毫意義。

難道是他的財產激起了她的貪念？不是完全如此。因爲女人就算知道對方花不起那麼多錢，但看他們爲自己而花錢仍然會感動的。

傳統追求女孩的方法是接二連三地送禮物。奇怪的是，意圖雖然很明顯，卻往往很

有效。一個已有一個幼兒的已婚婦人回憶她被陌生男子追求的經過：

「那是一種轟炸，鮮花不斷送來，一大簍一大簍的。我對這些不尋常的花發生了興趣，我感到異常興奮。然後是一瓶瓶香檳、一罐罐橘子水，因爲他知道我愛喝香檳和橘子水。我眞被那些東西炸昏了。他的『勞斯萊斯』車整天都停在門外。然後是一罐罐魚子醬，可以大匙大匙地吃。這是很迷人的揮霍法。我想，他一定有很多錢，除非他很有錢，否則不可能一天送十打紅玫瑰。然後是貂皮大衣，不過我退回去了。這樣過了三天，他才親自出現在門口。他說他是信差，但是我由他身上漂亮的羊毛衣和剪裁合度的絲絨運動衫判斷出，他不是送信的人。我發現他很迷人、很有趣，但是同時我又看不起他的錢，他只能給我這些。禮物太重了，我就退回去。我想我高興的是自己對他有魅力！」

但是，看不起歸看不起，她卻沒有打發他走，最後還跟他談戀了一段。她想不出爲什麼，其實，他只不過是個粗俗的騙子，她所愛的丈夫卻是資產家。體格的吸引力也不大。她有點困惑地說：「我不知爲什麼就陷進去了，然後就無法自拔。」

這個女人很動人，生活圈子中似乎常常有人追求她。之所以被這位追求者征服，無疑是被他慷慨的大手筆迷住了。雖然她不需要他的錢，卻被他的金錢煙霧彈打倒了。我們推想，她正像丹奈伊和其他無數的女士一樣，因爲金錢而獻上自己。

花錢，送禮，包含的意義當然很明顯。但是許多人都願意接受這種餡媚，可見大家都瞭解其中的象徵意義。除非禮物太貴重了，才被認爲是一種買賣。貂皮大衣被退回，因爲接受會損害名譽。

對任何人來講，每天十打玫瑰都嫌太多，可見這陣轟炸的目的不是討好對方，而是炫耀送花人的財力。若不出意外，受禮的人也斷定，只有富人才送得起這麼多花，當然誰也不需要這樣闊法。

也許誇張的攻勢意味著強大的某種能力，一擲千金的男人爲自己創造了女人，看來很有暗示的作用，「豪客」一詞就承認這種雙關的意思。

24. 女人揮霍是一種「性發泄」

女人在花錢時，往往是突然間胡花亂用。從文雅的一面來看，這通常是壓抑性情緒張力的結果。在一陣揮霍結束之後，才發現買來的東西根本沒有用或不需要。開銷的那一刻，有一種不顧一切的得意感，一種解除財政限制的輕鬆感，以及「我才不在乎」的金錢本能放縱感。

女人通常會說，這種行爲使她們脫離了情緒的低潮、解除沮喪，使她們更有信心。典型的例子就是有些女人出去買一頂新帽子，好使自己振作起來。但是這樣的解釋還不充足。花錢的狂歡還有一個特徵，事後總帶來自責和悔意。

心理分析家卡爾・亞伯拉罕在很多病人身上都見到這一類行爲。他發現這些女人一出家門就有花錢的欲望。在一位女士的病例中，他發現她走出家門若感到焦慮，就花各種各樣的冤枉錢來解除內心的煩燥。

根據電話費調查可以看出，女性使用電話的時間遠比男性長，尤其一些初爲主婦的女性，比例尤其高。家庭主婦平日在菜市場斤斤計較，終日爲家庭開銷精打細算，爲什麼還有閒暇及金錢打這麼長的電話呢？

根據此項調查顯示，喜歡長談的主婦們也都在想電話費的問題，可是她們總將這種花費與丈夫應酬用的錢或煙錢進行比較，認爲這實在是小巫見大巫。由此可知。她們原本認爲這是一種浪費，經過反省之後，馬上推翻了原有的想法。

人類即使明白自己的行爲是不對的，但在尚未反省或後悔之前，往往會爲自己辯護，替自己自圓其說，甚至攻擊他人。因爲要背負認錯的包袱，在精神上的確是一大苦差。因此潛意識中往往尋找似乎是正當藉口的理由，使自己後悔的念頭或不安的情緒有所緩解。這也是爲什麼那些家庭主婦會以先生的花費爲攻擊對象，原因正是在掩飾自己電話打太久的錯誤。

另一方面，先生又以公司應酬，或慰勞員工爲說辭，把自己的浪費視爲一種正當用途。也因此他們從不自我反省，總認爲自己的行徑是對的，所以世間女子永遠養不成長話短說的習慣，而世間男子也永遠有應付不完的飯局。

面對這種家庭浪費，理財專家建議，與其浪費後再三反省，不如改變自己的觀念；與其浪費後責怪對方，不如提供改變良策。而對於生性浪費的人，最好的方法就是讓他

手操經濟大權，令其自覺責任重大，不敢再任意花錢，從而收到意想不到的效果。

卡爾・亞伯拉罕把這一點和女人共有的「街頭焦慮」狀況聯想在一起，起因是潛意識的，極少數時候是自覺性的。

「在潛意識裏，她們想對自己遇到的每一個人屈服，但是，意識層的焦慮使她們生命力只能做出最狹窄的轉移。」亞伯拉罕下結論說，「本能和壓抑做了一番妥協，病人在反抗的心理下，不消耗性力，卻使用貨幣來代替。」

花錢也有動情、性欲亢進的過程情節，表現的方法就是花冤枉錢，一樣一樣地亂買。揮霍時除了花錢的狂歡，只有漫不經心、不顧一切。

在揮霍的一刻，她們有得意洋洋的自由感，這和她們所做的事情完全相駁，但是若從潛在的意義來看，就很容易理解了。她們暫時振作起來，因爲在不受控制、大花大買的時刻，她們覺得自己違抗了性自由所遇到的嚴格限制。

中產階級的婦女最常依賴這種代表「性」的行爲，因爲她們的性自由通常被限制得最嚴。揮霍所帶來的狂喜狀態，更表明了其中的性意識。事後，女人往往不明白自己做了些什麼。

「我不知道中了什麼邪。」她們總是如此解釋。

花錢代替性的衝動，是因爲花錢所要表現的性欲，具有很強的虐待兼被虐成分。此女來勢洶洶，問東問西，很霸道，把人支來喚去，愛吵嘴，轉進轉出，往往很不禮貌，故意用購買力來欺壓店員，把他們當做僕人、奴隸，叫他們替她拿東西，叫計程車，尋找拿不到的物品。若反對她的專橫，她就發脾氣，叫經理，威脅說要他們丟飯碗。

金錢成爲了被虐待的工具，在某種意義上是女人的最好發洩方法之一。

25. 情感遊戲中不公開的謀算

脫離了妓女賣淫這個特殊的領域，赤裸裸的金錢所扮演的角色就曖昧多了。在情愛的買賣中，送禮和收禮通常是珠寶、大衣、車子、房子，很少是現金，一切都按慣例進行，使雙方都不必承認禮物的用意。

除非事情的程序出了差錯，某一方得不到預期的東西，心照不宣的意思才在互控的言語中明說了出來。那時，大家才嚴格追問潛在的涵義和企圖。

幾年前，有一位美麗的名媛，我們就叫她愛密莉吧。她當時是一個富翁的太太，前往法國南部她父母的別墅度假。她接受一位百萬富翁的邀請，到他的遊艇上吃飯，我們就叫他亞歷山大吧。愛密莉談起她婚姻的挫折，亞歷山大非常同情她。第二天，也是在遊艇上，他們談起他婚姻的挫折。他們愈來愈親密了。

一個月後，這位名媛和她母親光臨這位富翁的加州別墅。幾小時後，亞歷山大送給愛密莉價值一．四萬英鎊的珠寶。她非常感謝他，認爲是最慷慨的禮物。

在送禮的時候，愛密莉的母親曾暗示亞歷山大，一旦結婚，他應該爲她女兒設想一些獨立的保障。亞歷山大不太高興，因爲他覺得他又不是「收買」愛密莉。但是他很愛她，覺得需要安全感的話也不算過於離譜。

所以，過了不長時間，他就送給愛密莉一個値六萬鎊的「訂婚戒指」，她只在收禮那天戴過一次，因爲雙方還沒有結婚，戴起來實在太過分了些。其他禮物接二連三地送到，其中包括一棟倫敦的房子，價値四．四萬英鎊；一個二．五萬英鎊的鑽石當作生日禮物。愛情還沒有定局，一切都不太明顯。

幾年後，事情稍有點不對勁，亞歷山大就直截了當地說：「我要收回珠寶，事情吹了。」

愛密莉可不像詩歌中的少女，沒有立刻叫他收回去，她要保留。

在法庭訴訟中，亞歷山大聲明禮物是有條件的，是送給他要娶的女人。愛密莉說不是，禮物是完完全全送給她的。

六天惡毒的辯論，花了六萬英鎊的訴訟費，法官還沒判決，雙方不得不和解了。愛密莉同意退回大部分禮物和那棟房屋，只保留大約五萬英鎊的珠寶。

此案揭露出那種生活通常不公開的一面，就是花錢多少的問題。愛的表徵在法庭上受到尖刻的盤查，送者和受者的意圖成爲反覆查詢的目標。

在這個標準中，金錢全靠默認的基礎來行事。當然，對於心照不宣的事，就留有懷疑的餘地。

總的來說，情婦並不直接或立刻就被要求做什麼，但是最後她被錢控制了，只要她做了對方不滿意的事情，禮物就會被收回去，因此，當時沒有說出口的用意，就是要她聽命行事。

當時看起來不像如此，愛密莉的某些昂貴珠寶，實是繫在聖誕樹上的。但是隨著時間的推移，就看出禮物是有條件的。什麼條件？答案是婚姻，亞歷山大一案中，法庭上的回答是如此。

但是其他情況下，就看送禮要什麼條件了。

在《空白的帆布》中，莫拉維亞描寫主人公想激起女友的拜金狂，以便能佔有她。他每次與她做愛，就許諾拿錢給她，讓錢變成一種期望。然後他不給錢，看她有什麼變化，或者說什麼。她好像沒什麼反應，他覺得很生氣，因爲她若不愛錢，他便不能用錢控制她了。這些錢是他由闊媽媽手中要來的。她拿錢給他，他覺得：「我母親想用錢控制我……」同時，他的女友西西莉亞則把情人給她的錢送給另一位男友。

每一個例子中，他們都自覺或不自覺地想借著金錢這種媒介控制自己所愛的人。

「我寧可知道西西莉亞貪錢，而不願她太神秘，」主人公說，「知道她貪財，會給我一種擁有感，而神秘卻無法控制。」

金錢束縛取代了大家惟恐不足的情緒和性愛束縛。在情夫情婦關係中，金錢的主要任務是綁住或控制某一位人物，否則他（她）就會太自由。這當然也表示不信任其他的約束力，結果強調了金錢的束縛，其他的約束註定要減弱。

在這幾樁事中，女方的貪財和男方的富裕形成有用的互補條件，因爲其中包含了有效契約的基礎。雙方可以做一個安排，以相互需要保障雙方的利益。女孩子如果不貪財，不十分在乎金錢，關係就徹底崩潰了，因爲男方對她就失去了控制權，安全感也得不到保障。女方需要錢，比她需要情人的愛更被視爲雙方關係可靠的基礎。

這種對錢比對愛更強的信心，必須追溯到最早的控制需要，那是「肛門」性格的特點。這種人不容許別人有行動的自由。他們想決定親人生活的每一細節，因此他們很適合養情婦。他們付了公寓的房租。女傭的工錢和一切帳單，就可以不斷控制、細查對方的活動。他們有權，因爲花了他的鈔票。

願意屈從這一類控制的女人，幾乎都是騙子，她當然會和年輕的愛人一起騙她富有的保護者。惟有騙子型的人，才肯假裝屈從這種控制，並接受有條件的禮物。別人會公

開反抗的。因此，控制者若愈來愈專制（他有權力如此），他的情婦則會愈來愈狡猾。

捲入此種關係的人，最後通常只談鈔票，他們之間的一切都用錢來表示，情感的愛情籌碼化成錢的多少，脫離關係也變成錢的分析問題，情感是金燦燦的，散發著銅臭味。失去了金錢，什麼都沒有了，可見情感的虛無性，金錢的眞實性。

錢可以用來佔有或控制別人，那麼抵禦、反抗也是金錢的動機。如果甲想用有條件的禮物來控制乙，一旦某些條件沒有實現，就可以收回禮物，那麼乙方就會千方百計地用魅力和性本領來使禮物變成無條件，從而解除甲方對她自由的束縛。

對於擅長這種愛情和金錢遊戲的人來說，一切步驟都和下棋一樣熟，並多多少少有點自動化了。他們變得非常精明。討厭被人掐荷包的富翁，更會對在女人身上花的錢立下嚴格規定。

所有關係中一旦有金錢介人，不管多麼迂迴，還是不容忽略的。人們一旦使用金錢價值系統，就會用金錢來估量一切：我得到了什麼，我有沒有取回那筆錢的代價？結論是否划得來。

另一方面，「免費的愛人」會突然說：「嘿！我白送人家。」但她看到其他女孩「爲此而得到的報酬」，覺得自己不這麼做，實在太傻了。這些女孩拿出鑽石和皮貨給她看，她就會想：「他只送給我一個差的牛肉餅。」於是金錢就以消極的方式插進來。女孩子覺得很不滿，自己覺那麼廉價。不久他要溫存的時候，她就消極抵抗了，於是他受到壓力，不得不送些摸得到、看得到的愛情象徵物。

26. 家族繼承使金錢永垂不朽

把錢留在家族裏是一個很保密、很原始的衝動，通常能抑制家庭的紛爭和仇恨。血緣關係和金錢關係並織在一起，構成了家族團結的約束力。杜邦、克虜伯、洛克菲勒、甘迺迪、鳩尼歐西、西敏公爵、羅斯契爾德、梅隆等大金融王朝就是這樣興起的。

杜邦家族的故事最能證明其中的經過。一八〇三年，他們以製造軍火起家，資金是三．六萬美元。杜邦公司在一八一二年戰爭期間混得很不錯，南北戰爭期間生意更好。

一八七二年，市場上堆滿了戰後的剩餘軍火，公司營業不佳，曾想賣掉股份。但是阿佛烈一世，也就是後來著名的「杜邦救世主」帶進了另一派系的兩位侄兒，他們又推薦兩個弟兄，這種加速的族閥主義使他們獲利匪淺。

根據現在《財富》雜誌估計，有四位杜邦子弟財產達到億萬美元，還有近百位杜氏富豪構成了家族財富的中流砥柱。

當然，還有不少小杜邦，雖然不那麼出色，卻也混得不錯。其中有人在「杜邦公司」、「通用汽車公司」、「美國橡膠公司」、「美國煉糖公司」、「美中石油公司」、

「聯合水果杜邦公司」，這還只是少數的例子。他們還經營十八個基金會，並且花一．二二五億美元來維持以前的杜邦大廈、公園、地產、公共博物館和植物園。

有些財富只是時間和環境造成的。湯瑪士．葛羅斯維納爵士在一六七七年娶了瑪莉．大衛斯小姐爲妻，她帶來了平凡的嫁裝——幾片土地。

一九七二年，一位剛滿二十五歲的青年，葛羅斯維納伯爵，也就是西敏公爵五世的兒子兼繼承人，繼承了他份內的家庭產業，價値約一千一百萬英鎊。他擁有這麼巨大的遺產，只因爲瑪莉．大衛斯的草坪，剛好就座落在後來的梅斐爾和貝爾格拉維亞兩大高級住宅區。

據說葛羅斯維納家族的財產，是英國最大的私產之一，也是金錢傳奇家族中最完美的例子。現在的西敏公爵由他堂兄的遺囑中繼承了25%的遺產。現任公爵的兒子葛羅斯維納爵士則繼承了15%的一份。但是他伯伯公爵四世一九六七年過逝，沒有繼承人，因此葛羅斯維納爵士又繼承了30%，總共是45%的財產。

這可以說是英國上流社會以滲透獲得財富的方法。希臘人可不這麼被動。富有的船王史塔洛．李凡諾有兩個女兒，即丁娜和尤金妮。

二十五年前，一位新起的船王史塔洛．尼阿哥斯愛上了丁娜，但是被拒絕了。丁娜嫁給了另一位船大王亞里斯多德．歐那西斯。尼阿哥斯就娶了丁娜的姐姐尤金妮。

幾年後，歐那西斯對歌劇演員瑪麗亞．卡拉斯發生了興趣，丁娜和他離婚了。同時，尤金妮去世。尼阿哥斯有了再婚的自由，便娶了丁娜。不管發生了什麼事，錢總留在親族中。

「一個人可以積聚財產，」腓迪南．倫柏格在《富翁與超級富翁》中說，「但是財產若要完整無缺，就必須有繼承人。建立財富的人如果是單身漢，或者不能成家，財產就會消失在基金會或學會的贈款中。因此，繼承人對財富和貴族頭銜一樣重要。美國人的大部分財產，多達70％，今天都留在繼承人手中。」《財富》雜誌列舉一九五七年的世襲財產中，有四十二個人擁有七千五百萬到十億的財產。

研究大財富或中等財富者的族譜，可以證明人類把錢留在家族裏，使它永垂不朽是一種本能行動。即使一生的收穫很少，還是想傳給自己的後代。

有些老太太爲了留東西給富有的兒子，還憂心忡忡呢！大多數人買房子或購置屋裏的財物，除了起到當時居家的功能，或者賺利潤之外，也想留一些東西給自己的孩子，日後可傳給親族。

幾乎所有遺囑都偏向立囑人的家族。大家往往寧願選一個素未謀面的遠親當遺囑受益人，也不選很親密的朋友和同事。對於這一點很難解釋，只能說留錢給親族比較自然，即使非常討厭財產的繼承人，但結果仍然不例外。

在很多情況下，人們不但這樣忠於家族，甚至還有積極的計畫，規定家族的錢必須爲家族利益服務。甘迺迪家族就是典型的例子。如果這種態度占了優勢，複雜的信託辦法就成立了，連鎖的防範失敗措施，使外人根本不可能控制家族的財產。遺產稅的用意是阻止財富一代一代愈積愈多，實際上卻很容易遭到愚弄，所以被定爲志願稅。

現在大多數有錢人一賺到錢就分給家人，自己活著的時候保留控制權，擔任基金會或信託基金的管理人，而且自己寫下規則。繼承人和受益人必須履行同樣的行爲和契約，也把錢分給子女或後代。這樣的家族變成國內最強大的統一體，成爲永遠值得重視的力量。

總統最多在位掌權八年，而福特、杜邦、甘迺迪、洛克菲勒、梅隆等世家卻可以終生運用財富的權威和影響力，實際上還可以由繼承人永遠運用下去，除非出現意外。某一位政治家下臺了，這些世家卻仍然存在，仍是世上一股不可忽視的力量，他們仍有著極大的地位和影響力。

像原始圖騰物一樣，金錢也根據人與錢的關係而組織起人類彼此的關係。例如在原

始部落中，圖騰物就是指確定亂倫禁忌的方法，由同一圖騰（某一種神聖的獸類、鳥類或植物）傳下來的人不准發生性關係。就這樣，土著人找出應付危險的正規方法。當然，危險並不在於同一圖騰的血統，但這是一種有效的說法。

金錢既是一種圖騰物，也會指定某些正規的禁忌。從金錢圖騰傳下來的人，不該和無金錢圖騰的後代結婚，否則金錢圖騰就會貶低、削弱。潛在的恐懼會使這種婚姻耗光家族的財產，而不會一天天地更堅固。

由此我們不難看出，把錢留在家族裏有很多實際的好處，然而意義還不止於此，有人只傳下相當小的數目或者房屋等財產，不牽涉到權威或影響力的問題。但是，讓親人繼承自己財物的願望還是非常強烈。這也不一定是善意的表示，因爲有些人堅信，繼承大筆財產對子孫有害，但他仍然把錢留給自己的後代。

有些貴族把他們世襲的大宅邸看成監牢，認爲他們不是主人，反而成了犧牲品。蒙塔古爵士雖然不是這一行的，卻認爲他自己是白金漢郡祖先「華美宮」的管理員，而不是屋主。

不管從哪一方面來看，他都不認爲自己是主人，他從繼承那天開始，就有義務把它交給一個支援他兒女的信託單位。大宅裏的許多家族儘管他都不喜歡，有時候也滿懷單純生活的信念，想像自己已把那些祖先趕出視線之外，但是維持不了多久，他們馬上會重申自己的權利。

誰若是繼承了一棟大宅，或一筆家族遺產，就要聽祖先幽魂的指揮。

「你會覺得，」蒙塔吉說，「你對建立、擴展這些遺產的先人，具有強大的神聖責任感……」

這正是建立財產的人希望後代能有的感覺。他用自己傳下的東西，使繼承人局限在某一種生活裏，很少有人能放棄一筆遺產，或者上面所附的條件。

從甘迺迪家族的情形就可以看出來。兄弟一個接一個自許爲家族政治野心的繼承人，覺得有義務冒險追求政治生涯，支援他們家族財力也是約束的力量。

王者們實際上受他們治國的神聖權利所約束，大財產的繼承人同樣也被迫行使鈔票所給予他們的權利，他們又把這些權利強加在子孫身上。有些人棄權了，但是大多數人都聽命行事。

錢，就像皇家血統一樣，也帶有強大的驅迫成分。

現在的羅斯契爾德爵士違反家族傳統，當了科學家，但是他兒子雅各卻回到金融界，經營倫敦的家族銀行。

即使事業沒有那麼大的規模，創始人還是給繼承人帶來了很強的義務感。受託一筆親族產業卻不加以擴展或保存，實在違反了最起碼的本性。很少人處在那種地位，還能不在乎先人對他們的期望，若有選擇的餘地，親友的期望也常常推翻他們自己想做的事情。

對於金錢，他們有一種義務感，彷彿錢是活生生的東西，這一定是基於鈔票和生存能力的聯想，等於把錢當做生存的能力。因此，第一個責任就是不放走一分一毫。錢被賦予獨立的生命。人們大談克虜伯家的錢、福特家的錢、鳩歐西尼家的錢，彷彿家族基因和錢合併在一起了。保留這些錢，增長這些錢，就使家族能生存下去。

如何解釋這種把錢留在家族裏的大行為呢？如果佛洛依德沒有猜錯的話，最早的罪惡來源於原始社會中的兒子殺父親，以便佔有他的財產、女人和權力。父親知道自己一旦衰老，就會被攻擊、取代，於是設計出一套預防系統。當他仍然強壯，仍然執行自己的法規時，便把財產分給兒子。

這樣分配有這樣三個用意：

第一，可以緩和年輕人的嫉妒心；

第二，答應死後給他們遺產，他對他們就有了強大的控制力，因為他可以取消一個不服從、不合心意的兒子的繼承權；

第三，他把財產均衡地分給不同家人，就爲自己買到了保證，每個兄弟在家族財產中都有份，因此有興趣保護它，免得被其中任何一個人盜走。

把錢留在家族裏的衝動，似乎起源於原始人安撫下一代的策略。從這種觀點來看，我們留財產給後代的動機，一部分也是爲了保護自己，免得他們實際上或想像中做出嫉妒的罪行。

小說《卡拉馬助夫兄弟們》對此觀點提供了有力的支援。在這部小說中，殺父罪行的每一面，都和金錢問題糾結在一起。主要嫌疑犯狄米涉嫌爲幾千盧布而殺死他的父親。他是一個心懷憤懣的年輕人，他相信自己有一筆遺產，未成年時就靠那筆錢借債，後來突然發現什麼遺產也沒有。年輕人大吃一驚，懷疑他父親騙他，幾乎要失去理智，眞像瘋了一般，就是在這種情況下釀成了慘劇……

乍看起來，兒子爲錢謀殺父親未免太過於小題大作，但是隨著小說情節的發展，罪惡的陰影由兄弟身上一一移轉，這項特殊的罪行開始轟轟迴響著原始罪惡的聲音。這本書在刻劃人性中，具有相當重要的組成部分。

如果瞭解了無產人對財產佔有人的仇恨，就不難看出家族繼承制度爲什麼會那麼牢

不可破了。小孩子長期依賴父母，意味著他們很可能含有極大的憤恨。把錢留在家族內的傳統，保證他們以後也有份，就可以多多少少地化解他們的恨意。對父親的財寶以及各方面難以忍受的妒意，被「將來都歸你」的諾言化解了。

那麼，繼承遺產又有什麼好處和壞處呢？

柏拉圖在《共和國》中提出了一個觀點：比起賺錢，繼承財產有相當多的優點。繼承財富的人不會過分愛錢，他借蘇格拉底之口說：「賺錢家崇拜金錢，並不只是像大家一樣，發現錢很有用，而因為那是他們自己的傑作。因此他們是討人嫌的傢伙，他們除了現鈔價值，就沒有其他的標準。」

有位匿名工業鉅子也認為，子女有錢比較好，所以把自己名下的遺產以信託基金方式交給他們，讓子女自己擔任管理人，但要保留控制力。很多富翁也採取同樣的辦法。

「他們有錢的最大好處，」他說，「就是能有選擇的自由，他們可以做自己終生愛做的事業。他們的行動可以完全免除經濟上的制約。賺錢會使人腐化，他們卻是無法收買的。他們行事可以遵照自己的良心，和商業壓力無關。如果我當年也有選擇的自由，我可能變成鋼琴演奏家或純數學家，絕不會成為商人。」

繼承錢財有幾個不可否認的好處，但是也有不能排除的可怕缺點。最明顯的就是阻礙力，結果養成揮霍的習慣，紈絝子弟的傾向，不願意工作，自以爲完全獨立，驕傲自滿。

大富翁的兒子面臨一個很大的障礙，即很難超越正常的戀母情結，他好像永遠不可能比父親優秀。

保羅・蓋蒂說他賺大錢的主要動機之一，就是讓父親瞧瞧他辦得到，他父親賺了幾百萬，所以他必須賺十億。

但是有些兒子卻採取放棄，或乾脆花父親的錢，結果不能完全建立成年的自我。他們永遠拋不掉靠父親生活的心態，這對他們的人生發展非常有害。

如果子孫們從事別的行業，在賺錢之外的領域獲得成就，獲得自己的身分感，就可以克服這種心情了，但是生長在富裕環境中的人另有一項危險，並不能因此而去除。在這種家庭裏，難免用錢來應付家庭的問題、負擔和煩惱。富人覺得帶孩子太辛苦，就雇傭人來代勞。這種情形在英國上層社會非常普遍，難怪溫斯頓・邱吉爾覺得他和保姆比母親要親密得多。

婦女用這法子來應付育兒的煩惱，從而面臨很難對抗的危險。這種代溝特別明顯，現在十幾歲、二十幾歲年輕人的父母，正是戰後第一批富裕的家長。年輕人憤恨的現象之一，就是他們父母所採用的金錢價值觀。

27. 夫妻金錢性格相異的衝突

在一切婚姻裏，夫妻間都有金錢關係存在，有些好，有些壞，有些古怪得不正常，有些基本上很合理。

但是，大體上來講，大家都不討論這個問題。性愛和情感的不和，往往受到廣泛的注意，也有補救性的服務。但是金錢爭吵卻被嚇住了，大家都覺得談錢很丟臉。最惡毒、最矛盾的爭吵，是兩大基本性格都吝嗇或揮霍互異所造成的。這種本性敵對現象有很多種組合，但是「小氣丈夫和敗家太太」的例子最能看出衝突的本質。

丈夫看到太太燒一壺水，只爲了泡兩杯茶，不免怒火中燒。他簡直氣瘋了。只要他辦得到，他總趁機把多餘的水倒掉。這使妻子氣得要命，她繼續裝一滿壺準備去燒，而他總是不斷地倒掉多餘的水。

他們都站在各自的角度上，雙方不可能適應。丈夫認爲，太太浪費得不近情理，把他辛辛苦苦賺的錢隨意揮霍。而妻子覺得他小氣得令人噁心，居然爲一點燒開水的瓦斯費用而斤斤計較。

不止燒水一事，一切都是這樣。他們指責對方，還帶著惡毒的雅興。他習慣把盤裏沒用過的芥末放回罐子內，爲了反擊她的嘲笑，他教訓她：「不是你用的芥末，是你留在盤裏的芥末，使科曼先生發了一筆財。」

他收集一段段細繩，捲起來放進抽屜裏，細繩也要錢買的。他若收到包裹，就把包裝紙折好，留待以後備用。

心理分析家卡爾・亞伯拉罕有一個病人，他很討厭把錢花在旅行、音樂會、展覽會之類的事情上，因爲他認爲這樣花費金錢得不到永恆的收穫。所以他從來不上歌劇院，卻買了不少他沒聽過的歌劇音譜，只因爲這樣他可以得到持久的東西。

這種人的太太若有相反的性格特徵，就覺得此類行爲更能挑起她大花大買的念頭。他的強迫性節省，是他不正常需要的一部分，一心想強加在她的身上，約束她花錢的需要。雙方都覺得彼此對錢的態度太驚人，太不可思議。

有一對夫妻，丈夫非常小氣，他帶太太到法國南部度假，會整天坐在沙灘上，一瓶可口可樂兩個人一起喝，妻子的性格卻截然相反，女方婚前收入很高，用錢方面有自己的癖好。她認識的人都開賓士轎車，她也花六八七五美元買了一輛，那輛車是批發商在午餐時間送來的，她根本不討價還價，立刻就開支票，這是她做事的習慣。她讓園丁用她的舊車（一輛黛安芬車），她的管家替她買一切東西，管家要多少錢，她就給多少。她絕對信任別人，而且自信沒有受過騙。

她嫁了這位「小氣先生」，雙方金錢衝突就日益明顯。他覺得他們擁有兩輛車，讓園丁用一輛（他自己不開車的），實在沒什麼道理可言。賓士車維持費和修理費都很高，耗油量又比小一點的車子多一倍，所以他叫她賣掉賓士，保留舊車。另一方面，管家要什麼錢，妻子都照給不誤，她完全信任管家。丈夫卻無法忍受這種情形，規定管家只能買男女主人指定買的物品，而且要開帳單。在家用方面，既然夫妻收人都很高，他想出一套制度，雙方銀行賬目分開，每人放六一．五美金在家用賬裏，日常的開支就用那筆錢。

第一周，這個制度就崩潰了。太太說：「家用錢一點也沒有了，管家買東西錢不夠用。我認爲你太吝嗇了，竟然不留錢給我們用。」丈夫說：「如果沒錢，就是你花光了。」

太太覺得沒什麼關係，用掉就用掉了，和誰用掉沒有什麼關係，但是丈夫要知道爲什麼花這麼多錢，花在哪一方面。

一般人在購買像車子或毛皮大衣等貴重物品前，一定會愼重考慮，並詢問各方面的意見和想法。人們之所以在購買昂貴的物品時總是考慮再三，無法當機立斷，原因正是擔心花了錢會不會後悔，或值不值得花這種錢，而且這種情緒往往與金錢的多寡成正比。

在決定拿出一大筆金錢之前，人們之所以都會經過一番掙扎，主要是因爲與自我密不可分。換句話說，所購買的東西已成了自我的一部分，一旦聽到別人批評物品。就如同批評自我一樣。

有鑒於這種情況，理財專家建議，在拿出鉅款前，最好先諮詢一下他人再做決定，但他人的建議只起到參考的作用。不能盲目地言聽計從。

最後，他承認他太太在金錢方面很信賴人，從來不查賬，但是幾乎沒有受騙過；他不信任人，喜歡一查再查，卻常常上當。他們各自的行爲模式中，有自圓其說的預言成分存在。大家對她有信用，因爲她信任他們。他們對他沒信用，因爲他不信任他們。她堅守自己的金錢原則，他也是一樣。

還有一對夫妻，丈夫是工業家、百萬富翁，他認爲太太在服裝方面的開銷太過分了

些。不是他們花不起，她自己就是財產繼承人，而是丈夫覺得她的花費不必要，這樣就是不負責任。

她反駁說：「我爲什麼不能有自己的零用錢？那樣我就不必向你要錢了，你也不必問我花在什麼地方。」他聽後回答說：「我永遠不會問你，我不是那種人。」

他解釋自己的立場：「我始終認爲揮霍是件壞事，應該從一開始就改掉。我太太那樣花錢的方式是一種補償行爲，她年輕時候有一個姊姊非常出色，我太太的教育就被忽略了，結果她漸漸長大，她才問自己：『我該做些什麼？』她覺得自己若有零用錢就可以獨立了。滿腦子都是衝破牢籠的怪念頭，最初想不依賴父親給錢，現在又不想依靠我。」

工業家也承認，他太太花在服裝方面的錢，還不及較低收入婦女的三分之一，但是他覺得控制好花錢是一項道德使命。

「我認爲女人比男人更容易接受墜落性的影響。」他說，「我太太假如獲准購買昂貴衣服或其他東西，就會影響我們的女兒。我知道女人爲衣服揮霍的程度眞嚇人，簡直令人難以相信。有些女人對錢有無盡的需要，那是一種弱點。我們要阻止她們，因爲女人的道德標準比較危險，男人的行爲都追求女性的贊許，女人一墜落，整個道德水準也就崩潰了。」

這是一個傑出的人才、一個工業領袖，他一心講求效率，消除浪費，贏得了很高聲譽和政府敬重。他手下的公司靠他的效率措施省了不少錢。他認爲浪費是罪惡，是魔鬼的行爲，爲了實際和道德的理由，必須加以遏止。他在二十萬員工之間禁止浪費，追問一個公司經理爲什麼收到二份《金融時報》，後來想一想又決定，連一份都不該由公司出錢。

「這些人喜歡太太在金錢方面永遠依賴他。」卡爾・亞伯拉罕分析道，「照他們的意思分派金錢，對他們是一種樂趣。」這種態度並不因爲有錢而改變。約翰・洛克菲勒的家人要他付他認爲不必要的錢時，他就回答說：「你以爲我們是什麼人，是愛德華嗎？」

在這種情形下，太太更想消費丈夫捨不得給的錢。他的吝嗇激起了她揮霍的怒火。雙方的鬥爭難以解決，高潮就是她出去亂買亂花。我們已經看出，這對她具有特殊性的意義，是欲望滿足的表現。

另一方面，知道她狂花亂用的是誰的錢，也帶來另一種意義。這是她丈夫的錢，她把他的錢虛擲敗光，就排除了他的小氣，同時也表現出她對他的傲視態度，對他的性能力發出潛意識攻擊，這是毀滅他的辦法之一，很多女人都這麼做，是原始欲望的表達。

潛在的敵意隨時出現，吝嗇男人感覺到了，故意誇大，借此辯白自己的專橫態度。「我若不控制我太太花錢，她會毀了我！」他輕鬆（也許不輕鬆）地說。根據古代的傳統，也就是控制太太花錢，結果導致太太想出更巧妙的辦法來向他要錢。就這樣，雙方的立場便在永恆猜謎的境地中繼續下去。

這種現象在低收入階層也屢見不鮮。有一個女人，酒錢向來是丈夫給她的。他們若去酒吧，兩個人各有一定的數目可開銷。她長得挺動人，因此熟識的男人常常會買酒請她。若有這回事，事後丈夫就要她退還她省下的酒錢。她堅持人家是請她喝的，她有權留下她的酒資。他則怒氣衝衝地說不行。他們常常吵架，而且吵得很尖刻，所以三十年後，他們的女兒把這種事還記得清清楚楚。

無論是工業家限制太太買衣服、做衣服，還是自認有人請太太喝酒，他應該要回酒錢，衝突都起於丈夫和太太是不同金錢類型的人。

括約肌動作是嬰兒學會控制的第一項身體功能，它伴隨著父母權威、控制的命令完成，一旦完成，不僅會帶來身體上的滿足，而且也會滿足道德上的需求。後來的替代行爲可由專制型的人爲自己廢物利用的行爲而驕傲，或把管制太太花錢當做一大責任。

任何人都清楚，這種性格能把太太逼瘋。她如果說：「也不過是多燒一點開水。」他就說：「假設多煮一點水要多燒兩分鐘火，假設瓦斯爐燒二分鐘要用ＸＸ瓦斯，假設你平均每天燒水八次半，你知不知道，一年你就浪費了Ｘ元，如果以六厘半的利息投資出去，你一輩子所燒的水就達到……」這時，她也許早已把茶壺扔在他身上，跑出去瘋狂地花一筆錢了。

不過，這種人也有他們的用途，只是在家中顯不出好處罷了。佛洛依德發現，他們很可靠，值得信賴。他們絕不會忽略自己的職責，很討厭做事半途而廢。他們在事業上很有毅力，甚至能克服別人受不了的障礙。在廢物利用方面，他們很會動腦筋。搜集的本能對圖書管理員、案卷保管人、統計員、博物館館長都頗有用處。俄內斯・鐘斯指出，他們對財產的熱愛，可以延伸爲對子女最細膩的柔情，他舉例說：「夏洛克這樣的守財奴，對女兒也愛如命根。」

但是在最嚴重的時候，這種父親容易成爲暴君，不能允許家庭中任何一份子有獨立的徵兆，他以付賬來統治他們。他對子女的愛也往往變成過分的保護，或過度佔有的現象。他的子女是他最珍貴的財產和寶藏，他不能放走一文錢，也不能放鬆他們。結果孩子們激烈地鬥爭、反抗、反叛，也許更早的時候，妻子已先背叛了。卡列寧就是這種

人，他的行事作風無疑是安娜隨弗隆斯基私奔的部分原因。

極端的類型當然有許多種組合。有些軟弱的男人容許太太浪費他們的「資產」，從來不阻止。據猜測，他們是自取敗亡的「輸家」。有些女人本性好揮霍，卻喜歡嫁給專制的男人，也許是潛意識希望對方控制自己，但不見得每一個受控制的女性都不願接受支配。但是在支配情況下，一定有人被剝奪了自由，有些是雙方同意的，有些卻是強迫的。

也有相反的情形，就是「敗家丈夫和節儉妻子」。這回是太太轉來轉去關電燈、倒掉壺裏的水、用剩菜做餡餅。丈夫通常都是沒用的傢伙，也許是賭徒，而且往往是「輸家」。他典當妻子的首飾；他不付賬單，所以電話和電源都被切斷了；他付不起分期欠款，所以家裏的汽車又被收回去。太太精打細算，把省下來的錢藏在地板下面。

在高收入階層，他也許是奮鬥出頭的人物，他本性好炫耀，想展示他現在的地位，或希望得到的地位相當的豪華。他參加慈善拍賣會，花三倍的錢買下一張去羅馬的機票，然後又捐給慈善機關。他自認爲這樣很神氣，又表現了他現在的成就。

他太太認爲，他花錢買慈善機票，至少也該把那張機票留著。他有必要和其他傻瓜玩自我競賽，把二百元的機票抬到六百二十五元，然後又捐回去。爲什麼？爲了炫耀？

她知道他的生意並不好。

對妻子來說，這都是邪門的胡鬧，和家裏養一部豪華汽車、住城中最好的區域、請女傭來侍候吃飯是同一回事。有必要嗎？她很高興端飯送菜。城市交通根本不容許汽車時速超過二十里，養一部馬力最大的汽車又有什麼用呢？

她坐在家裏替他洗燙襯衫，替他補褲子，但他總是說：「送洗衣店去或是『丟掉』。」他覺得他們花得起那些錢，她卻不肯。他說她應該有一件毛大衣，她的身分應該有一件，爲了他也該去買，而她卻不同意買毛大衣，花錢的念頭令她討厭，因此她穿起來也不會快樂的。她不需要首飾，那只會使她緊張，隨時怕人偷走。她偷偷省下一點私房錢，收起來，藏起來，投資到公債上。她暗暗相信失敗就會來臨，所以積極地積聚她巢中的鳥蛋。

大多數人都覺得自己擁有愈多的金錢，自己的身份地位愈能提高。在昔日的時代裏，產生這種思想也是無可厚非之事，因此爲了擁有更多可自由運用的金錢，人們便產生了私房錢的動機。根據調查發現，約有半數以上的薪水階級有存私房錢的雅好。一般女性存私房錢的原始動機，是爲了預防不時之需或貼補家用。

私房錢好比一筆多餘的財富，可供自己任意使用，但理財專家建議，存私房錢要有計劃，而且最好不讓他人知道，即使夫妻關係也要守口如瓶。

這一類型的婦女，通常都是跟不上丈夫的進步與成功，無法眞正相信現實的人。因爲她自己沒有完成什麼，又沒有隨他成長，他賺的錢在她看來總顯得很不眞實。那都是贏來的錢，明天也許就會輸掉了。同時她又怕新發起的財富會招來別人嫉妒，既然她缺乏賺錢所帶來的自信，就沒有多餘的力量來應付別人的憤恨。

因此，她惟一的辦法就是安撫別人。她對錢很小心，不承認她有那麼多，同時限制丈夫的成就，暗示他一切沒有他想像的偉大，她不相信這種成功能夠持久。兩種說法都是要傷害他，表現她對他的仇視。她尖刻地諷刺說：「這樣一來，你馬上就會耗盡資財，不可能持久。」借此來打擊他的雄心。

他覺得她不肯花他的錢，貶低他的成就，是跟不上他成就的表現，也就是說她落後了。他自然而然地轉向能跟得上他、能和他一樣虛浮用錢的人，借此更堅定自己是大豪客、大人物的幻想。他一回家，他太太的眼神彷彿說，總有一天你會失敗，然後就揀起他隨處亂放的零錢。她憂慮的悲觀論，使他瘋狂的樂觀論大受影響，所以他愈來愈少回家，最後甚至可能會離棄她。

當然，假若失敗眞的來臨，那也是常有的事。太太就肩負起她的責任。她的謹愼和小心使他們脫離了困境。他認爲事業崩潰了，她就暗暗地透露說：「不，不，我一直到處省錢。」她把錢拿去投資，買房子，買公債，他們再節省一點，賣東賣西，重新安排一下，就可以度過難關了。

這是吝嗇妻子的一大勝利，說來也是她奇妙的安排。

28. 解決金錢差異造成的煩惱

我們都是活在金錢團體中，團體的內聚力要看裏面每一分子是否能維持同樣的經濟水準而定。

一家出版公司的青年主編曾表示：「我並不是坐下算計自己買得起什麼。我只是推測，我可以買得起同樣身份的人已經擁有的東西。」

只要團體中沒有人財產大增或驟減，這一點就行得通，但若有這種事情發生，壓力就存在了。

有一個人在短時間內賺了一筆錢，他敘述了這樣的麻煩：他是一個科學家兼作家，他的朋友們也都在科學界和寫作界工作。過去他們差不多同樣困苦，現在他突然有錢了，從一本出名的暢銷書賺了一百萬左右。現在他請老朋友吃飯，就面臨一個惱人的問題。

他說：「以前我們都喝便宜的酒。現在請他們吃飯，我若拿便宜的酒請他們，他們會覺得我是吝嗇鬼。另一方面，我若請他們喝我現在常用的好酒，我下次到他們家，他們請我喝劣質酒就會覺得很尷尬，因爲我現在顯然是在喝上等貨了。」

他還指出，很多朋友和同事都因他賺了大錢而變了，他們嫉妒他。他相信他最近一部作品受到不少壞評，也是因此而起的。當然，他說好朋友仍然常來往，但是其他的人似乎很氣他賺這麼多錢，他們覺得自己也能寫得出他那樣的暢銷書。

宴會上大家常問道：「你現在眞那麼有錢？有那麼多錢是什麼滋味呀？」

「當然，你現在不必考慮經濟問題了，對不對？」

他覺得這些話很煩人，令他困擾，因爲他希望是因思想出名，而不是鈔票。所以他總是閃爍其辭地說：「錢對我並不重要。」他承認這不是眞心話，但卻是制止大家談錢惟一的途徑。

這是突然發財者的典型事例。朋友們不是儘量忽略這個事實，就是假裝什麼也沒有發生，或是故作輕浮地說：「你發財了，請我們喝另外一種酒如何？」

不管採取哪一種態度，大家都很難表現得自然。大家感受到他們和新發財夥伴之間有很大的經濟差異。有一個努力爬到上層社會的人說：「並不是我沒有時間理睬老朋友，而是他們和我在一起會覺得很不自在。所以不是我拋棄他們，而是他們跟不上我，他們無法眞正接受新的情況。」

這種緊張壓力的結果，通常是發財的人移向那些和他財力相當的新團體，喝同樣的酒，上同樣的飯店，度同樣的假，他不必爲自己的新財富而不自在。

當然，有些舊交會粘住他不放，希望靠他能爬到上層社會。另外一些人則懷著沒有發財的道德優越感，與他維持友誼，暗示他已經出賣了自己，貶低了自己，毀掉他眞正的天分。有時候事實也確實如此，但是故作不受誘惑、假裝聖人的朋友，並不因此而改變態度。

搬到高級社區的人，並不只是要住較好的街道、較好的房子，也是爲了逃避金錢程度差異所造成的煩惱。

當然，有些人由於特殊的心理，喜歡在小池塘裏養一條大魚，甚至有些大魚千里迢迢去找最小的池塘，但那些人是十分罕見的。

在二十世紀，大家對於直接凌駕別之上已愈來愈不自在了。當年，托爾斯泰感到巨大財產的折磨，決心拋棄一切，不惜使太太陷於窮困，社會上大部分人還認爲他的行爲很怪異。

不過那是一個可以養家奴、而不必像托爾斯泰一樣感覺不那麼人道的時代。他覺得他必須貶到農奴的階層，就算只是象徵性也好，這種驅力產生了不少喜劇性的結果。比如他爲了表示自己並不優於村莊裏的鞋匠，就決定要自己修鞋子，於是村莊裏的鞋匠每天奉命來侍候伯爵大人，來教他補鞋子。

窮鞋匠帶著鞋型和工具，辛辛苦苦地到大宅邸去教主人補鞋，這個事件並不能使大家對富人想贖罪、求屈辱的儀式產生什麼信心。但是，它卻指出了財產比左鄰右舍多所造成的煩惱。

當然，財物較少的人也會感到焦慮，這也是都市密集區、有錢人和沒錢人比鄰而居地帶犯罪率特別高的因素之一。

整個壓力制度都逼大家住在自己的金錢階層裏。在自己不顯得太罪過也不會太嫉妒別人的團體中生活。所以窮人、中產階級和富人的社區紛紛興起，從而維持同一的性質。

加布萊斯說，貧民區純粹是地域環境造成的，這個說法令人難以接受。他說：「康乃狄克州十分荒蕪，石頭又多，收入卻很高。懷俄明州、西維吉尼亞州水源豐富，多礦場和森林，居民卻很窮。南方土壤氣候都很好，卻一樣窮困。尤其南方最富的地方，像密西西比雅蘇三角州，早就以一貧如洗而著名。」社會和經濟因素，比如女人一直擔任破產家庭的家長和謀生人，這也是貧窮的一大原因。但是加布萊斯卻發現，造成這類赤貧區域的另一項因素是「無依和被棄的同病相憐感」。

在一個土壤和資源並不匱乏的地區，爲什麼居民都有貧窮的心理趨向呢？一定是個性不同的人早就搬走了，就這樣，大家選擇能證明他們心態的社會環境。爲了前面提過的各種理由，有些人需要做贏家，有些人需要做輸家，表現出來的社會局面，就是大家都尋找心理構造相同的、共同創造一個相對獨立的世界。

由於做法不當而不能進展的人，會搬到符合其心態階層的地方，於是堅定了不可能進展的信念，是現存制度的問題、時代的問題……

也許這些因素眞的有限制力，而且在最初被自己本性絆住者的心目中，更是有效的藉口。同樣，有贏家心理的人，會搬到那些同類人居住的地方，不管是黑人也好，婦女也好，沒有背景的人也好，都會搬到那些勝利、好運、成功、得獎的團體中，以鞏固、加強驗證他們的信念。

29. 金錢是社交的槓桿

每一個金錢團體的基本任務，是爲其中的成員創造不欠債的狀況。資產相當，大家都可以互還人情債。中產階級常常爲了欠下酒飯債，必須設宴回請一次而焦慮，可見大家都希望扯平。

此類社會傳統後面，隱藏著欠人情債所造成的深刻不安。有些人不需要人幫忙，因爲對方有一天會要求回報，這是一大壓力。送禮往往有還債的用意。

有一個女人生病了，請鄰居幫她買東西。病好之後，她覺得有義務送一些禮品「回報」鄰居的善意。鄰居眞的不想要任何東西，對方堅持她必須收禮，這使她有點發窘。但是，受人好意的婦女顯然心裏很不安，必須要解除她的負債感。有人一年到頭送人小禮物，只因爲他們欠下人情債，心裏感到焦慮所致。

不能容忍負債，是無力感激的表現。「感激」是要承認自己收下了無法回報的恩情。你不能把生命還給賜給你生命的人，也不能把知識還給賜你知識的人。這些情況中應有的情緒就是感激，但是我們通常無力感受這樣的心清，因爲其中牽涉到別人偉大、富足，自己相對渺小、匱乏的想像屈辱感。心理衝動就是要扯平、還禮，證明自己也同

樣偉大、有能力。

一般人在送禮時，常常爲送禮的價格及種類而感到十分棘手。同樣，接受禮物的一方也頗感困擾。往往下層贈送禮品給上司時，常把對方視爲重要人物，如果送了與身份地位不相稱的禮物，雙方都會覺得尷尬。此外，接受方也必定有某種期待，如果對方沒有送禮來，或送的東西比自己期待的價格還要低。心裏就會感到不是滋味，甚至還會爲自己在對方心目中沒什麼份量而感到懊惱。

針對贈禮的技巧，專家建議，送禮物給上司時，應該選擇一些不用金錢衡量價值的物品，最好具有收藏、欣賞價值，且送禮的標準應因人而異，但應以與此人的交情爲準。送禮給同事、朋友時，可參考對方送的禮，送相同性質的禮物大致不會出錯。

此處，金錢的任務就是讓我們把無力感激的人情債，化成可以用現鈔償還的東西，藉此減輕不舒服的負債感。但是負債是大家生活中最眞實的情況，只有獨立奮鬥的人懷著誇大狂的個性，才以爲一切都是他自己的成果。這個想法也否認了他最初的負擔，最後他必須以生命償還負債。

要緩和煩人的基本負債感，其中一個辦法就是付出，設宴請客、捐錢、捐善心、給時間、貢獻精力。這種人需不斷地付出、付出、付出。這種個性可以由一般很會做人、卻不會當客人的社交家看出來。例如，他在自己舉辦的宴會上方方面面俱佳，大家都說他善於社交。但是，這種人在出席別人的宴會時卻很遲鈍，又愛吹毛求疵。

還有一種人非常慷慨，卻堅決不收別人的東西，在他看來，「我什麼都不缺，因此收到的一定是我不需要的東西」。他一定要隨時回饋別人對他的恩惠，不需要感激。他永遠回請更大的宴席，回送更大的禮物。

德國人堅持回請時，就會說：「你一定要讓我報報仇。」人們堅持要請這一次酒，或者來勢洶洶要付賬：「這次該我們啦，我們可不准別人付賬啦。」從這裏可以洞察出回請掩蓋下的臭脾氣。「把你的錢包收回去，」他們說，「否則我就認爲是大侮辱。」

在其他社交場合，互相友善的人很少像這種類型的人這麼公開表現他們的侵略性。這一行爲的意義，付賬不成的人所感到的窘境，以及被拒絕、壓倒的心情，更得到了證明。大家對主人和客人的關係太耿耿於懷了，所以雙方都同意。若要維持平等的友誼，平衡一番是很有必要的。

誰付賬？這個問題所產生的張力由各種社會常規來處理。男女之間，大家都認爲男

方給、女方受是天經地義的事，這定和性生理關係有關。

如果年長的男人和青年男子同行，通常是長者付賬，這是遵照父子的行爲模式，所以顯得很自然，而且被社會所認可。未說出口的假設就是長者已經闖出了頭，年輕人還在試闖的階段，父親照例要幫助兒子。只要一個人對另一個人能接受父親或叔伯的角色，一方擔任施主，一方擔任被保護人，就沒有什麼困難了。

這種關係能不能維持下去而又不造成緊張，要看一方有沒有父輩的誠意，另一方能不能孝順地接受來決定。

除了這幾項由於自然法則而被大家接受之外，一個人若永遠處在付出的地位，讓對方永遠接受，這也是很困難的。爲了應付這個困難，我們生活在自己有能力按習俗還禮的金錢團體中，若只還得起一杯咖啡，就有很大壓力阻止你搬到大家都用威士忌請客的圈子裏。

基本上，人們都願意住在自己還得起人情債的群體中。如果對自己還債的能力不太有安全感，就會住在比自己稍微窮一點的集團中。

如果他們對自己的潛力非常有信心，他們就會住在比自己富的圈子裏，自信將來總能還清人情債，兩面都有一點伸縮的餘地。不過，一點也不出名的暴起型人物，只能住在富人團隊裏，變成食客或獵財者。

因此，金錢是社交的槓桿，更是維繫社會平衡的籌碼。

國家圖書館出版品預行編目資料

斜槓財富：金錢是社交的槓桿 / 馬誠著. -- 1 版. -
- 新北市：華夏出版有限公司, 2022.10
面； 公分. -- （Sunny 文庫；269）
ISBN 978-626-7134-53-5（平裝）
1.CST：金錢心理學

561.014 111013624

Sunny 文庫 269
斜槓財富：金錢是社交的槓桿

著　作　馬誠
印　刷　百通科技股份有限公司
電話：02-86926066 傳真：02-86926016
出　版　華夏出版有限公司
220 新北市板橋區縣民大道 3 段 93 巷 30 弄 25 號 1 樓
電話：02-32343788 傳真：02-22234544
E-mail：pftwsdom@ms7.hinet.net
總 經 銷　貿騰發賣股份有限公司
新北市 235 中和區立德街 136 號 6 樓
電話：02-82275988 傳真：02-82275989
網址：www.namode.com
版　次　2022 年 10 月 1 版
特　價　新台幣 280 元（缺頁或破損的書，請寄回更換）

ISBN：978-626-7134-53-5